成长不必烦恼

动物小说大王沈石溪·感悟生命书系

沈石溪◎著

童趣出版有限公司编　人民邮电出版社出版
北　京

\序 言\

智慧生存

沈石溪

我一向倡导智慧生存。

地球上很多生命体，经过千百万年激烈而残酷的生存竞争，都有一套令人刮目相看的生存智慧。比如有花植物，开出鲜艳芬芳的花朵，以吸引昆虫前来采撷花蜜，借助昆虫的力量，将花粉传播到更远的地方，以繁衍后代。还有一种名叫“猪笼草”的灌木，开出的花形如笼子，散发出一股浓烈的香味，当昆虫被香味吸引钻进去后，花瓣会突然关闭，将倒霉的昆虫抓住并吞食掉。植物如此，动物更是如此。变色龙会随着环境的色调而改变自己皮肤的颜色，就像穿了一件迷彩服，以迷惑天敌或猎物的视线，使自己不易被天敌发现，也使自己更容易捕获猎物。还有一种在地面筑巢的名叫红颈鹬的鸟，在育雏期间，当狐狸、豺狗或灵猫靠近鸟巢时，母红颈鹬便会冲出巢去，翼羽反转，脖颈扭曲，一只脚还缩进腹羽，装出一副受了重伤飞不起来的可怜模样，瘸瘸拐拐地在地面奔逃，让天敌觉得自己是一顿唾手可得的美餐，引诱天敌来追赶自己。这样，母红颈鹬巧妙地将危险从鸟巢引开，以保护没有任何防卫能力的雏鸟。一旦远离鸟巢，母红颈鹬便一拍翅膀轻盈地飞走了，让天敌目瞪口呆。

所谓智慧生存，就是在自己实力不强、能力不足时，以聪明才智来应对生活中的各种困难和挑战。

人类无疑是所有生命中最具智慧的一种高级动物。

遗憾的是，并非人人都懂得智慧生存。特别是很多青少年朋友，智商不低，学习成绩也不错，但却不懂得如何机智地面对生活中遇到的各种问题，结果往往把自己弄得很被动。比如想让父母给自己买一件心仪已久的东西，有的孩子直截了当地提出来，态度很生硬，就像父母上辈子欠了自己的，非买不可。如果父母不答应，他就不高兴，就发脾气，就不吃饭，就摆脸色给父母看，结果跟父母闹得很不愉快，目的还不一定能达到。也有的孩子，会找个合适的时机，比如下周要考试了，他会在周末抓紧时间复习，父母见他这么用功，自然满心欢喜。这个时候，他就表态说，这次一定要考出个好成绩来！父母更高兴了，就会说："好啊，你这次考好了，我们奖励你。"这时，他就可以趁机说出自己心仪已久的东西。当优秀的成绩摆在父母面前时，相信不用再多说什么，父母就会主动买来孩子想要的东西。这样既能激发自己的学习动力，又能让父母高兴，还能得到自己喜欢的东西，何乐而不为？

智慧不是油滑，不是玩世不恭，不是见不得阳光的恶作剧，而是充分运用交流能力，以一种和善的态度和委婉的语言，因势利导，巧妙周旋，机灵应对，既增进彼此的感情，又达到自己的目的。

我为孩子写动物小说，经常收到青少年读者的来信，询问我关于阅读和写作的问题；也有的读者会把我当作知心朋友，向我诉说命运的不济和成长的烦恼，向我请教如何应对在学习和生活中遇到的各种问题。我总的感觉是，很多困扰青少年朋友的问题，其实并不难解决，只要动动脑筋，变换一个角度去处理，便能打开心结，让问题迎刃而解。

我从事儿童文学创作已三十余年，与读者的信件往来也持续了三十余年。每收到一封读者来信，我心里都会感觉沉甸甸的，即使工作再忙、时间再紧张，我也会抽出时间及时回信，以不辜负读者对我的信任。粗略统计，这么多年来，我给读者的回信应该达到上万封了。虽说几经搬家，大部分读者来信都遗失了，但至今我的书房里仍珍藏着上千封不同时期、不同年龄段的读者来信。这一捆捆有点儿泛黄的信札，对我而言，是一笔极有价值的精神财富，激励我、鞭策我、鼓舞我、催促我在文学道路上艰难跋涉，不彷徨，不动摇，不停顿，永远奋力前行。读者的需要，就是我最大的写作动力。

童趣出版有限公司邀请我在《帮作文》的“心语答疑”中回复读者来信，读者反应还不错。于是，编辑提出要我将多年来与读者的通信做一个整理，挑选出有现实意义的一批信件，集辑成书。我想，作为一个作家，作为一个成年人，我有责任也有义务为青少年答疑解惑。收进这本书的读者来信，虽然是发生在某一个青少年身上的事情，但这些事情具有一定的典型性，相信很多青少年朋友也会碰到类似的问题。倘若我的回信能给在人生道路上苦苦探索的青少年朋友带来一点儿启发，能给在成长过程中陷入无尽苦恼而又无力自拔的青少年朋友带来一丝慰藉，我也就深感欣慰了。

谢谢大家能读完这本书。是为序。

目录

成长烦恼 1

成长烦恼

我不是美女

尊敬的沈石溪老师：

您好！

我是一名小学六年级的女生，生活在一个小康之家，不愁吃穿，学习成绩也还可以。但是，我一点儿都不快乐，因为我长得不漂亮。每当我看到镜子中的自己——胖胖的身体、小小的眼睛、扁扁的鼻子，我就很自卑。班里调皮的男生还给我起绰号，让我很难受。我原本爱唱爱跳、性格活泼，但因为长得丑，所以不敢登台表演，生怕别人会起哄；我也不敢跟男孩子交往，怕他们会嫌弃我，更怕会受到伤害。因此，我的性格变得内向、孤僻，每天生活在自己的“套子”里，没有朋友，感觉很苦闷、很寂寞。更可怕的是，我会嫉妒那些长得漂亮的女孩。她们一个个骄傲得就像小公主，男孩子们总围着她们转。我时常想：为什么命运这么不公平？为什么不能让我长得漂亮一点儿呢？

沈石溪老师，我很喜欢读您的动物小说，一直把您当成我的良师益友。我鼓起勇气给您写这封信，希望能得到您的指点。

浙江读者：殊悦

Re：我不是美女

不要失去对美的自信

殊悦同学：

你好！

爱美之心，人皆有之。对一个女孩子来说，长得不美，或者说长得有点儿丑，的确是一件令人沮丧的事。你的苦恼，我完全可以理解。

有人说，一个女孩子，只要自信、快乐地生活，就会变得漂亮、可爱；还有人说，心灵美重于容貌美。这些话说得都不错，但现实生活中，有些行业就需要“以貌取人”，比如空姐。相貌的不公平，如同财富的不公平，不能比，一比就要气死人。

在这个问题上，要敢于面对现实。生活有时候很不公平，有时候还很残忍。

我认为，要改善自己的处境，很重要的一条原则就是不嫉妒。这的确很难做到，因为嫉妒是人的一种自然本性。别说像你这样十三四岁的女孩子了，就连我这个已到花甲之年的大男人，想到自己累死累活爬了一年格子所得的稿费，还不抵商贾巨富在饭桌上的一次消费，也会嫉妒得牙根流酸水。可是，我还是要真心地劝告你，别去嫉妒身边那些长得漂亮的女孩子，要下定决心、咬紧牙关，就像和尚不沾荤腥一样地戒掉嫉妒，尤其不能把嫉妒溢于言表。因为嫉妒不会改变你不漂亮的事实，更不会给你换一张娇美的脸蛋儿，恰恰相反，你会因为嫉妒而拉大和同学之间的距离，还会因为嫉妒变得心胸狭隘、孤僻冷漠、疑神疑鬼。这对你来说，无疑是雪上加霜，会严重损害你的整体形象。在这方面，我有刻骨铭心的教训：有很长一段时间，我没有调整好心态，沉溺于对那些一掷千金的大款的嫉妒之中，结果搞得自己无心写作，连原本微薄可怜的稿费收入也没有了，生活比过去更窘迫。其实，克制嫉妒就是在陶冶性情，这会使你变得豁达大度、开朗活泼，人际关系也会变得更融洽，你会因此养成美的性格。虽然性格美无法转化成容貌美，但你的整体形象肯定会向前跨一大步。

美是相对的。俗话说，“十六、十七无丑女”，中国民间还有“一俊遮百丑”的说法。绝对的丑女孩是极少的：或许你的眼睛长得不够大，但鼻子小巧玲珑；或许你的嘴巴不够美观，但牙齿洁白整齐；或许你的五官不够端正，但身段婀娜优雅；就算你的五官和身材都不怎么样，起码你还有少女的纯情、青春的风采和含苞待放的仪态。所以，你不要太自卑。请注意，我在“自卑”前用了一个“太”字作为状语。对一个长得不漂亮的女孩子来说，自卑是难免的，但切忌过度。生活中不乏这样的女性，她们因为自身的条件不好，就自暴自弃，破罐子破摔。久而久之，头发也不梳了，衣服也不讲究了，卫生也不理会了，整天蓬头垢面、邋邋遢遢，把自己糟蹋得更加丑陋不堪。你千万不要陷入这样的恶性循环，要学会一分为二地看待自己：虽然整体不够漂亮，但局部还是有动人的地方。发现自己的美，保持并优化这种美感，对你来说十分重要。我的意思是，较之那些天生丽质的女孩，你更要珍惜美、看重美、追求美。那些漂亮的女孩可以轻视美、浪费美、糟蹋美，但你不能。

你可以在学校和家长允许的范围内，适当地修饰自己，例如：穿漂亮合体的衣服，梳一个能让脸蛋儿看起来俊俏的发型，佩戴与自己年龄相衬的发夹、胸花和其他饰物，注意清洁卫生；如果老师不反对的话，不妨化点儿淡妆、喷洒适度的香水，还可以练练健美操，等等。刚开始的时候，你或许会觉得不自然，也有可能因为修饰过度或穿着不得体遭到同学们的嘲笑。但是，不要气馁，方法可以改进，但追求应永不止息。爱美是人之常情，姑娘爱美更是天经地义的事，没什么不好意思的。如果你自己都不想让自己美起来，那么，你就一辈子跟美无缘了。经过一番持之以恒的努力，你的形象肯定会大大改观。更重要的是，在这个过程中，你能够不断地提高自己的审美能力，掌握更多实用的美学技巧。我相信，对一个有着高雅的审美眼光和丰富的美学知识的人来说，生活一定会越来越美好。

俗话说，“穷有穷的苦楚，富有富的难处”。其实，家家都有一本难念的经。长得不美有不美的烦恼，漂亮的女孩也有她难以言说的苦恼。你说你因为长得不漂亮而不敢跟男孩子交往，对一个向往友情的少女来说，自然会觉得孤独、寂寞。但是，你是否想过，那些长得漂亮的女孩，整天被男孩子围着，今天收到一封错字连篇的情书，明天又接到一通做贼似的吞吞吐吐的电话，烦也不烦？如果校风差一些，还可能会被一些流里流气的男孩子盯梢、起哄，搞得自己身心俱疲，你想，她还会为自己的美貌感到骄傲吗？退一步说，即使和那些漂亮女孩在一起玩的是一些相貌英俊、成绩优异、志趣相投的男生，也并不值得羡慕。因为，早恋是一种不成熟的情感游戏，玩过这种游戏的人不一定会倒霉，但没玩过这种游戏的人绝不会有任何损失。当然，有人或许认为这是吃不到葡萄说葡萄酸。其实，葡萄没有熟，确实是酸的；我们不是吃不到这葡萄，而是现在不吃，留待熟了以后再吃。

你的大朋友：沈石溪

天生丽质有罪吗

尊敬的沈石溪老师：

您好！

我是一个12岁的女孩，今年上小学六年级，生活在一个美丽的海滨城市。从小到大，因为长相甜美，我听得最多的就是赞美。小时候，爸爸妈妈带我出去玩，别人见了我就说："多美的女孩呀，比洋娃娃还漂亮！" 还有人说："这个小姑娘长得这么乖巧，长大以后一定会生活得很快乐！"可是，长大之后我才发现，天生丽质与幸福快乐根本不能画等号。恰恰相反，美丽的容貌给我带来了一连串的麻烦：有时候，我一个人走在路上，总感觉有些异样的目光像苍蝇一样盯在我身上，有些流里流气的街头少年还会跟在我后面起哄，吓得我再也不敢一个人出去逛街了；前不久，我们班的一个男生偷偷给我塞纸条，说要和我交朋友，搞得我没有心思认真听课，结果学习成绩由原来的年级前10名下降到年级第41名。我很苦恼，有时候我甚至想：我长得丑一点儿该多好，平平常常的相貌，没人会注意我，不会被流里流气的街头少年盯梢，不会有男生偷偷给我塞纸条，这样，我就能专心学习，无忧无虑、幸福快乐地生活了。

沈老师，我真的不知道该怎么办，您能告诉我吗？

您忠实的读者：周雨婷

Re：天生丽质有罪吗

给美扎一道篱笆

周雨婷同学：

你好！

我非常理解你的苦恼。

现代社会，人们赞赏美、推崇美。各种各样的化妆品，琳琅满目的保健饮品，铺天盖地的美容广告，如雨后春笋般出现的美容院，搞得沸沸扬扬的选美比赛，无不证明了这一点。美是一种价值、一种资源，也是一种本钱。对女孩子来说，长得美是幸运的，不仅给世界增添了美感，而且，将来无论择偶还是就业，都会有更多的机遇和选择空间。然而，很多美丽的女孩活得并不开心。中国历史上有许多美丽的女子，一生遭遇坎坷、命运多舛。所以，中国自古就有“红颜薄命”的说法。

人心向往美，社会呼唤美，为什么美丽的女孩反而会被天生丽质所累呢？

我曾经在鱼龙混杂的四合院住过一段时间。那时，院子里种着一株玫瑰。阳春三月，花团锦簇、馨香扑鼻，破陋的院子因为这株玫瑰变得熠熠生辉。然而不幸的是，这株玫瑰开得最茂盛的时候，常常会遭人采撷，今天少了两朵、明天丢了三朵，过不了几天，就只剩下光秃秃的几根枝杈了。有一天傍晚，我亲眼看见一个獐头鼠目的青年，蹑手蹑脚地走到那株玫瑰跟前。他原本想摘花，可一看眼前的这株玫瑰只剩下青枝绿叶了，就怨极生怒。他四下一瞧，见院子里没人，便抄起一把铁锹，一下子就把那株无辜的玫瑰拦腰劈断了。可怜的玫瑰，因为它的美丽竟招来“杀身之祸”。

爱美之心，人皆有之。但是，人心绝非“真、善、美”三种元素有序排列的组合体，人心中有真善美的成分，也包含假恶丑的杂质。不少人在爱美的表层心理下，潜藏着一种对美的占有欲，一旦这种占有欲得不到满足，便转化为一种疯狂的破坏欲。从这个意义上说，毁美之心随处可见。我常常对我的孩子说：“对前途，你要看得乐观些；对人心，你要看得悲观些。”悲观，就意味着要有一点儿防范心理。雨婷同学，希望你能记住这句话，这对你没有坏处。

后来，我和看门的老头儿一起动手，用8号粗的铁丝给那株奄奄一息的玫瑰扎了一道结实的篱笆，还在篱笆上挂了许多锋利的铁蒺藜。经过我们的悉心照看，它渐渐活过来了。第二年，又是玫瑰枝头春意闹，可人们害怕铁蒺藜会扎伤手，再不敢偷摘。遗憾的是，它变成了名副其实的关在牢笼里的“囚犯”。尽管它跟过去一样，硕大的花朵开得像火焰、像云霞，粉嫩的花瓣含羞藏娇、千姿百态，然而，隔着生锈的铁丝和奇形怪状的铁蒺藜望过去，美感却大打折扣。我觉得很对不起这株玫瑰，可我实在想不出既能让它免遭粗暴的攀折，又能毫无阻隔地尽情展露倩影丽姿的两全之策。

按理说，你容貌俊美、性格活泼开朗，珠联璧合，堪称“双美”。如果能健康地成长，容貌、性格会相得益彰：美丽的容貌会像太阳一样照亮你可爱的性格，活泼开朗的性格又会像春风一样滋润你多彩的生活。然而，我不得不忍痛劝告你：要学会为自己的美扎上一道心的篱笆。就是说，你必须要学会少女的矜持，甚至要戴一副孤傲冷峻的面具。当然，我不是说你要改变自己的性格，这不可能，也没有必要，因为热情奔放、活泼开朗永远是最有魅力的性格；我是说你在保持可爱性格的同时，也要有凛然不可侵犯的气质。这虽然和你的天性相悖，学起来有点儿难，也很痛苦，但社会是复杂的，每个人其实都戴着多重的人格面具，以适应自己在生活中扮演不同角色的需要。热情奔放要看对象，活泼开朗要分场合。对谁都热情，心怀不轨的人就会得寸进尺；什么时候都活泼，就会被人误解为轻浮，那些心术不正的人就会对你说三道四；在学校、在家庭、在亲朋好友之间，你完全可以是一只活泼可爱的小猫；在陌生人面前，尤其是在学业荒废、流荡街头的顽劣少年面前，你应当是一只一动就要扎伤人的刺猬。当你为自己的美丽扎上了心的篱笆，虽然会影响你的整体美感，但却能换来一种安全感。对一个少女来说，安全感是最重要的。

我住的大杂院里三教九流，干什么的都有，良莠不齐。我想，如果给那株艳丽的玫瑰挪个地方，栽到中南海、中科院或外国使馆的院子里，它大概就不会被粗暴地攀折，当然也就用不着给它扎防护篱笆，它就可以尽情地喷香吐艳，自由地展示自己迷人的风姿。人也有一个改变自己生存环境的问题。你现在正处在学习的黄金阶段，如果你能摆脱美丽给你带来的烦恼，全身心地投入到紧张的学习中去，以优异的成绩进初中、升高中、读大学、考研究生，使自己进入一个较高的社会层次，相对来说也是较文明的社会层次，那么，不仅可以拆掉心的篱笆，天赋的美貌还将发挥更大的人生效益。

你的大朋友：沈石溪

为什么社会如此复杂

尊敬的沈石溪老师：

您好！

我是一名初中一年级的学生。课堂上，老师经常教育我们，社会主义制度的优越性让我们的生活充满阳光，让我们的前途灿烂似锦。家长也经常对我们说，我们是幸运的一代，赶上了改革开放、建设小康社会的好时代，吃穿不愁，无忧无虑。但是，在现实生活中，我却经常看见各种丑恶现象：走后门儿、拉关系、炫富攀比、贫富差距等等。媒体还经常曝光一些领导干部贪污腐化、公款吃喝、鱼肉百姓，令人无法接受。

为什么学校和家长灌输给我们的知识，与我们在现实生活中看到的种种生活现象，会有如此大的反差？究竟是老师在哄我们，家长在骗我们，还是我们的眼光有问题，看到了我们这个年龄不该看的东西？我百思不得其解，烦请沈老师给予指点。

谢谢！

您忠实的粉丝：李云霞

Re：为什么社会如此复杂

面对现实，洁身自好

李云霞同学：

你好！

你提出的问题具有普遍意义。新中国成立已经六十多年，为什么会存在贪污腐化、炫富攀比、走后门儿等种种弊端呢？别说一个中学生会感到迷惘，就是一个有相当阅历的成年人，也会感到深深的困惑。要系统地把这个问题说清楚，恐怕要写厚厚的一本书才行。在这里，我只能简要地谈谈我自己的一些感受，以供参考。

我们必须要破除一个神话，即认为社会主义制度一经建立，一切社会问题就会自然而然地得到解决。可以这么说，到目前为止，世界上现存的几种社会制度，还没有哪一种制度能有效地根治和杜绝以权谋私、贪污腐化、卖淫贩毒等等丑恶的社会现象。社会主义制度的优越性，在于旗帜鲜明、坚持不懈地和那些社会丑恶现象进行斗争，但社会主义制度本身对那些社会丑恶现象并没有先天的免疫力。

一般来说，一个民族的道德水平越高，社会的文明程度就越高，丑恶现象就相对要少。在这里，道德品质是进行自我约束的力量源泉，是一种内在的抵抗力。当社会进入转型期，商品经济迅速发展时，道德堤坝经不起金钱的强烈冲击，便出现了种种令人愤慨的丑恶现象。更为严峻的是，人们在谈论走后门儿、以权谋私时，当事人脸不红、心不跳，不以为耻、反以为荣，而旁听者中也极少有脸露不屑之色的人，恰恰相反，倒有许多人羡慕得直流口水。毋庸置疑，我们社会的整体道德水平是有待提高的。可喜的是，改革开放以来，党中央把精神文明建设提到了战略高度，为提高全民族的道德水平和文化素质做出了积极的努力。但它不是一朝一夕就能提高的，这需要时间，需要毅力和耐心。

人是从动物演化来的，至今还保留着动物贪婪、自私的本性。文明社会，就是针对这种动物本性，制定严谨的法律条文和监督机制，以规范人类自身的行为。在美国，冬天下雪时，每天清晨，家家户户都会早起把自己门前路面上的积雪清扫干净。并非这些美国人都有雷锋精神，而是美国有一条法律，规定路人在谁家门口被雪滑倒，谁就要承担所有的医药费。这条法律的意义在于，它把所有的人都看作是不愿意出门扫雪的自私鬼。法律不相信廉价的自觉，只相信严密的监督和严厉的惩罚。坏人若不能及时得到惩罚，好人也会跟着学坏。尤其是当胆大妄为之徒，靠贪污受贿等不正当手段聚敛了财物、得到了实惠，而法律不对其实施制裁，或者虽然实施了制裁却不能使其倾家荡产、自食恶果，罪犯仍享受着犯罪的甜头，那么，必然会群起效尤，腐败成风。值得庆幸的是，我们的政府不断加大打击刑事犯罪的力度，尤其针对领导干部贪污受贿的现象，不断完善监督机制、加强防范措施，相信很快就能扭转很多不良的社会风气。

对一个中学生来说，现实和理想永远存在着差距。能看到这种差距，证明你在逐步走向成熟。面对这种差距，有两种态度：一是灰心丧气，向不尽如人意的现实看齐，最后同流合污；二是承认这种差距，不急不躁、洁身自好、从我做起，坚韧顽强地与种种丑恶的社会现象作斗争。

我相信，你会抱定第二种积极的态度。与你共勉！

你的大朋友：沈石溪

我是不是在做白日梦

尊敬的沈老师：

您好！

我是一名小学五年级的学生，很喜欢读您的动物小说。您笔下的动物故事精彩刺激、真实感人，深深吸引着我。

上周，我们班召开了一场名为“展示梦想”的主题班会。班会上，同学们踊跃发言：有的同学梦想成为医术高明的医生，有的同学梦想成为精通多门外语的导游，有的同学梦想成为潇洒、有个性的摇滚歌手，有的同学梦想当一名画家，也有的同学梦想当一名光荣的飞行员，翱翔蓝天。

小时候，我的第一个梦想是当一名警察，因为我喜欢警察叔叔那身漂亮的警服，更欣赏他们的飒爽英姿。上小学后，我喜欢上了写作，经常写一些文章给爸爸妈妈看，平时的闲暇时间都用来读小说，尤其喜欢读您的动物小说，像《红豺》《狼国女王》等等，都是我的床头书。当一名像您一样的大作家成了我的第二个梦想。

可是，常常有大人说，孩子的梦想都是高谈阔论，根本不切实际。沈老师，请问，我如何才能实现自己的理想和抱负呢?

您的忠实读者：王炜

Re：我是不是在做白日梦

梦想的力量

王炜同学：

你好！

你的来信提到“梦想”的问题。实际上，每个人都有属于自己的梦想，只是有些人觉得自己的梦想不切实际，从而丧失了追求梦想、实现梦想的勇气和信心。然而，梦想对一个人的人生是很重要的。有一位散文家曾经这样说过：“梦想犹如一把金钥匙，能为你打开通往胜利之门。梦想又像一座加油站，能在你意志低迷的时候给你加油，让你重新奋发、重新振作。梦想更像一个船舵，它能为你把握正确的人生航向。”总而言之，青少年应该规划一下自己的未来，把梦想作为前进的动力源，持守梦想，不断努力、不断奋斗，争取到达心中理想的彼岸。

我给你讲一个故事吧。美国前NBA球员蒂尼·博格斯在NBA的外号叫“小虫”，因为他的身高只有1.60米，体重64公斤，是NBA最矮的球员。他虽然身材矮小，却偏偏从小就爱上了属于“巨人”的运动的篮球。小时候，他几乎天天都和同伴在篮球场上“斗牛”。博格斯最初用的篮筐是姐姐挂衣服的衣架制成的，最先的篮球也只不过是个小皮球。八岁那年，他有了第一个真正的篮球。那天晚上，他兴奋得好长时间都难以入睡。从此以后，他睡觉抱着球，出门带着球，即使是去倒垃圾，也是左手拎垃圾袋，右手运球。中学时，博格斯对自己的朋友讲，他梦想长大后到NBA去打球，结果引得大家哈哈大笑：“像你这样的一个‘小松鼠’，能进NBA？”有的人甚至笑得倒在了地上。在朋友们看来，两米的身高都嫌矮的NBA，怎么会容忍一个身高只有1.60米的矮子呢？因为NBA历史上还没有出现过身高1.60米的球员。为了实现自己的梦想，博格斯加倍付出、拼命苦练。随着时间的推移，博格斯的球技也不断提高。中学毕业后，他进入韦克福雷斯特大学念书，并代表学校打球。起初，他的球技并未引起别人的注意，倒是那矮小的身材特别吸引眼球。两年时间过去了，当21岁的博格斯念三年级时，他卓越的组织指挥才能逐渐为人所知，知名度大为提高。1986年，博格斯入选美国队，参加了在西班牙举行的第10届世界男子篮球锦标赛。刚开始时，这个个子极矮的后卫并没有引起观众的注意，但他最终以自己精湛出色的球技赢得了对手的尊重和观众的喝彩。最后，他帮助美国队战胜了当时的苏联队，获得了世界男子篮球锦标赛的冠军。比赛结束后，由于杰出的球技和矮小的身材，博格斯成了明星，成了人们围观的对象。博格斯不仅是NBA历史上身材最矮的球员，也是NBA历史上表现最杰出、失误最少的后卫之一，不仅控球一流，远投神准，甚至在高个儿队员面前带球上篮也毫不畏惧。人们每次看到博格斯像一只小黄蜂一样满场飞奔，心里总忍不住赞叹。他的表现不仅安慰了天下身材矮小又酷爱篮球者的心灵，也鼓舞了平凡人为梦想而奋斗的意志。博格斯说："我的确太矮，在高水平的职业篮球赛中闯出一番天地不容易，但我相信篮球并不是专让高个子打的，而是让那些有篮球才华的人打的。"

王炜同学，我想送你两句话：第一句，异想天开；第二句，事在人为。博格斯的故事告诉我们：一个人要有异想天开的勇气，如果博格斯因为身材矮小而自惭形秽，不敢去“做梦”，也就永远不会有驰骋篮球场的人生辉煌。当然，仅仅有异想天开的勇气还是不够的，还要有脚踏实地的努力，才能最终将梦想变成现实。要实现梦想，我认为要有勇气，有信心，有毅力。

小时候，我也怀揣着一个作家梦，但因为家里穷，没读过几本书，在学校里成绩平平，现实和梦想之间的距离实在太遥远，我的作家梦也只能压在心底。16岁初中毕业那年，我正赶上“知识青年上山下乡运动”。因为小时候听说云南的西双版纳是一个物产富饶的地方，于是，懵懵懂懂的我毫不犹豫地选择去云南的西双版纳插队落户。到了那里，我真正见识了西双版纳的美丽和神奇。那里有茫茫无际的原始森林，森林里的奇花异草、千年古树比比皆是。西双版纳不仅是一个植物王国，还是一个天然的动物园。在那片葱翠的原始森林里，有许许多多世代生长在那片土地上的可爱生灵：那里有珍禽三百多种、爬行动物六十多种，还有孟加拉虎、长臂猿等珍稀动物，野生动物的品种和数量均居全国之首。我在傣族寨子当了六年的农民，跟随傣族老猎人在原始森林里打过六年猎，有过很多惊险刺激的经历。我从老猎人那里学习了许多有关野生动物的知识，自己也养过很多动物。这些都为我以后创作动物小说积累了丰富的感性素材。我把自己对自然、对生命的经历与理解通过写作的方式表达出来。努力了三十余年，磕磕绊绊、勉勉强强，总算圆了儿时的作家梦。梦想，是人生走向辉煌的第一步，也是极其重要的一步。你梦想当作家，闲暇时喜欢看书，经常写一些文章给爸爸妈妈看，这是一个很好的开端。要学习写作，首先，要懂得善于观察和记录生动、新鲜、有趣的生活细节，做生活中的有心人，为创作积累丰富的生活素材；其次，要从自己亲身经历的事情写起，这样最容易写出真情实感；再次，要勤学苦练，坚持天天写，哪怕写一则日记、一段书摘，养成天天写点儿什么的良好习惯，你就会越写越精彩，越写越顺手。

列夫·托尔斯泰说：“一个有信念的人所发出

的力量，大于99个只有兴趣的人。”一个人只要有了梦想，有了奋斗的目标和坚定的信念，学习和生活就会充满乐趣、充满色彩。你是一个有毅力的少年，通过自己的不懈努力和奋力拼搏，一定能实现自己的梦想！要相信事在人为，要相信自己能创造奇迹！

你的大朋友：沈石溪

为什么她总是比我强

尊敬的沈伯伯：

您好！

我和邻居家的女孩从小一起长大，现在在同一个班级。她学习很好，其他方面的表现也很棒。我很羡慕她，处处都和她比，一直都想超过她。可是，不论我怎么努力，都不能如愿。

我常常问自己：我学习比她刻苦，为什么她的成绩比我好呢？为什么她能当班长，我就不能呢？为什么我这么羞涩、腼腆，她却那么大方、开朗呢？为什么我们两家人碰在一起的时候，妈妈总是不停地夸她聪明，却从来没有表扬过我呢？为什么别人总看不到我身上的优点呢……

现在，我变得越来越没有信心了。在她面前，我总感觉有点儿自卑。沈伯伯，很快我就要小学毕业了。对这次的毕业考试，我很紧张。因为我想超过她，证明我并不比她差。

沈伯伯，你能告诉我该怎么做吗？

来自成都的冰子

Re：为什么她总是比我强

请大声说，我一定行

亲爱的冰子同学：

你好!

首先，我要肯定，你是一位争强好胜、努力进取的好学生。在来信中，你谈到你和那位女同学之间的差距，给你的生活和学习带来了许多的困惑和烦恼。我完全能理解你的心情。表面上看，你很羡慕甚至有点儿嫉妒那位女同学的聪明能干，其实，在内心深处，你已经把那位女同学树立为自己的学习榜样了。在不同的人生阶段，每个人往往会为自己树立一个学习的榜样，把榜样视为自己的楷模和奋斗目标，学习甚至模仿榜样的一举一动。这本身是一种积极向上的健康心态。一位作家曾经说："人人都是天才。"这位作家还说过："没有笨孩子，只有潜能尚未发挥出来的孩子。"我们在学习榜样的同时，要明白一点：你就是你，每个人都有自己独特的个性，每个人都应该走自己的路，按照自己的实际情况去谋求发展，而不是简单地做榜样的复制品。

你是一个感情细腻的女孩子。你信中提到的那位女同学，是和你从小一起长大的邻居，你对她的感情特别深厚，也把她当成你自己学习生活的一面镜子，所以，你有意无意地处处和她比较。但是，好胜心带来的烦恼就像一把火，会烧得人浑身不自在，也会烧得人心胸狭隘。其实，每个人都有自己的闪光点，就像世界上没有两片完全相同的叶子。命运是公平的，它给你关上一扇门，也会为你打开一扇窗。

你的困惑是不够自信！但是，千万别让烦恼主宰你的心情和生活，要有一份平和的心态，在轻松的环境中心情舒畅地做自己的事，这样，自己的潜力才能最大限度地发挥出来。试着找找自己的优点，比如说：除了学习成绩，你在体育、艺术或者其他方面是否比她优秀？我相信，像你这样追求上进的孩子，一定有比她优秀的地方，只是因为你自己沉溺在思想的对抗中而忽略了自己的优势。你要明白一个道理：尺有所短，寸有所长。你在这方面行，我在那方面行。每个人都有行的地方，每个人也都有自己的弱点。要学会正确地认识自己、相信自己，请大声地对自己说："我一定行！"这样才能最大限度地发挥自己的能力。还有一点，表面上，你好像没有看见那位女同学用功学习，但并不表明她独自一人时没有默默地发奋图强啊。有一份耕耘才有一份收获，没有哪个人能不付出辛勤的劳动就取得优异的成绩。

在信中，你说到你们两家碰到一起时，你妈妈总是表扬那位女同学。我想，你妈妈这么做，一大半是出于礼貌和客气。妈妈永远是最爱你的人。找个阳光明媚的周末，你和妈妈手挽手去风景优美的公园。园内有清澈见底的湖水，你俩散步在曲径通幽的公园小道，杨柳清风，草地上开满了五颜六色的鲜花，花很美还带着香味。这时候，跟妈妈谈谈心再合适不过了。你要让妈妈知道，你也很努力、很上进，而且非常渴望得到妈妈的支持和鼓励！你要告诉妈妈，在你面前一味地表扬别人，会让你感到失落和压力。你要让妈妈知道你内心的惶恐和不安，让妈妈了解你最真实的想法。通过这样爱的沟通，相信你妈妈一定会意识到自己的错误对比和不经意间的言语给你带来的心理压力，经过细细反思，她一定会明白自己以后应该怎样做。同时，这样也能锻炼你的胆量和表达能力。请听我的话，试一下吧，我保证肯定行。

另外，你信中谈到你也很想当班长。有这种想法很好，证明你是一个有进取心的好孩子。但是，你需要脚踏实地，从小事做起：努力学习，取得优异的成绩；主动帮助同学，获得同学们的信任；积极参加集体活动，成为老师的左膀右臂。经过一段时间的锻炼，相信你一定能心想事成。

一般来说，学习成绩是衡量一个学生是否优秀的重要标准，但不是唯一的标准。人际关系、动手能力、表达能力、道德修养、人格魅力等等，也是衡量一个人能力强弱的非常重要的标准。所以，即使你的学习成绩暂时比那位女同学差，也不能由此得出结论说你的综合能力一定比她弱。最重要的是，你要调整好自己的心态：看看四周，不要总想着和她比，还有很多同学可以比；最重要的是要和自己比，要把今天的自己和昨天的自己比，把现在的自己和过去的自己比。今天的你比昨天的你进步了，现在的你比过去的你成熟了，你就有理由为自己感到骄傲。这样不断进步、不断积累、不断成熟，相信不久的将来，你一定能赶上甚至超过那位女同学。

最后，请记住一点：千万不要让嫉妒心变质，扭曲了自己的正常心态。不要给自己太大的压力，要学会放松，认真轻松地应对考试。我相信，你一定会取得优异的成绩！

你的大朋友：沈石溪

我讨厌攀比

尊敬的沈老师：

您好！

我是一名中学生，平时很爱读您的动物小说，是您的一名忠实粉丝。

最近，我们班同学之间相互攀比、相互炫富的现象越来越严重：上周末，有一位女生过生日，邀请了将近一半的同学去必胜客开生日派对，吃完饭又送给每个同学一盒精美的巧克力。这周末，我又收到一位同学的生日邀请，他竟然租了一个四星级宾馆的大厅开生日派对，最夸张的是，他还要求到场的男生穿正装，女生穿礼服。平时，我们班里一些家庭条件优越的同学要是买了最新款的手机，都要大张旗鼓地向大家宣布，生怕别人不知道……

在我看来，这些盲目的攀比根本没有必要，这毕竟不是自己的劳动所得，没有什么值得炫耀的。更糟糕的是，这样还会使整个班级的学习风气变得浮夸。

沈老师，您能告诉我，如何才能改变我们班这样攀比的风气呢？如何才能让我们班的同学回归理性、形成积极向上的学习氛围呢？

谢谢您！

您的忠实读者：李盈盈

Re：我讨厌攀比

正确的攀比

李盈盈同学：

你好！

你信中所说的同学之间盲目攀比的现象，实际上是社会发展到一定阶段所出现的社会问题的折射。近些年，随着我国经济的发展，人们对财富的观念逐渐发生了变化，有一部分人总是过分地追求财富和奢华。一些学生受到这种不良社会风气的影响，爱慕虚荣、讲究排场，同学之间在物质上盲目攀比、相互炫耀。这种虚荣心作祟的攀比，是一种不理智的表现。一位长期从事青少年心理研究的专家指出："这种'人有我也要有，人好我要更好'的比较心理，会使人内心难以平静，变得焦躁不安，这样容易分散学习精力，消磨学习意志。这类学生动辄向家长要钱，习惯成了自然，极不利于自身的品德修养。"这种攀比之心不仅会拖累自己，也容易在同学之间引起摩擦、制造矛盾，影响同学之间的团结。

实际上，这种物质上的攀比与我们中华民族传统的节俭美德是不相符的。在校学生没有收入来源，财富都是父母的，学生不该拿父母的钱作为炫耀的资本。真正有实力的人，是不需要攀比的，因为他们相信，凭借自己脚踏实地的努力，可以功成名就，拥有自己想要的生活。19世纪，俄国伟大的作家列夫·托尔斯泰出身于贵族家庭，学生时代受到卢梭、孟德斯鸠等启蒙思想家的影响。1851–1854年在高加索军队中服役并开始写作。几年的军旅生活为他以后在其巨著《战争与和平》中能够逼真地描绘战争场面打下了坚实的基础。1855年11月，托尔斯泰到了彼得堡，进入文学界，之后完成了他第二部里程碑式的巨著《安娜·卡列尼娜》。1889–1899年，托尔斯泰创作的长篇小说《复活》成为世界文学的不朽名著之一。一代文学巨匠列夫·托尔斯泰虽然出身于贵族家庭，但他一生都凭借自己的努力，创造着人生的辉煌。晚年的他更是力求过简朴的平民生活。物质上的节俭与朴素，能帮助一个人向崇高的人生理想迈进。

在来信中，你问我如何才能改变班里攀比的风气，如何才能让班里的同学回归理性、形成积极向上的学习氛围。你能看到班级中存在的问题，并为此担忧，我很高兴。这说明你是一个有思想、有担当的孩子。我建议你们班可以组织一场名为“正确的攀比”的主题班会。

何谓“攀比”？“攀”在这里是个动词，是向上爬的意思。“攀比”就是抬起头向上比较。

首先，要认识到，不是所有的攀比都是不理智的表现，正确的攀比还是有必要的，例如我国与发达国家之间的攀比。现在，我国正处于经济高速发展的时期，但很多方面还没有达到世界领先水平，这就有必要去跟发达国家攀比，找出自己国家的弱势、缺陷。只有通过国与国之间的攀比，我们才会知道我们国家的短处，才能懂得引进国外先进的技术水平来补己之短。这种攀比是必不可少的。

同学之间在学习成绩、创造能力、思维能力上都可以进行攀比。这种攀比可以让同学们彼此激励、互帮互助，还可以培养同学之间的竞争力和进取心。中学生的主要任务是刻苦学习、奋力拼搏，主要精力也应该放在努力提高自己的综合素质上。比学习、比勤奋、比文化素质，这才是中学生的崇高追求。而比吃、比穿、比阔气，就会使价值观扭曲，不利于身心的健康成长。再说，家庭条件好的同学，总是把一些最新的产品拿来向同学展示、炫耀，这种行为虽然满足了自己的虚荣心，却难免伤害到其他同学。同学们应该树立正确的友谊观，要知道金钱并不能买到所有的东西，同学之间、朋友之间送礼请客都应该量力而行，不要盲目跟风。勤俭节约、艰苦奋斗是我国的传统美德，是一种永不过时的民族精神。我们应该把这种精神发扬光大，而不应该让它变质。

攀比也是一种比较。说到比较，还有一种比法，就是低下头去向下比。这种俯下身去的比较，我没有在《现代汉语词典》里找到一个恰当的词，姑且称之为“俯比”吧。我觉得，在生活和物质享受上，最美的姿势就是俯下身去比。在生活上向上比，是比不出幸福感来的——你有白金项链，人家有钻石项链；你开宝马，人家开保时捷；你住别墅，人家住空中花园……山外有山，天外有天。你富了，总有人比你更富；你得意了，总有人比你更得意。在物质享受上进行攀比，只能比出忌恨、比出痛苦。

现在社会上流行的一句话，还是有点儿道理的：什么叫幸福？病房里没有家人，监狱里没有亲友，这就是最大的幸福。比比医院里生命垂危的病人，比比监狱里身陷囹圄的犯人，我们的健康和自由，就是老天爷最大的恩赐了。“俯比”，能让你的心灵得到慰藉，能让你的心理获得平衡，也能让你更珍惜现在的幸福。所以，“俯比”是一种有益身心健康的比法，不妨一试。

你的大朋友：沈石溪

我想改掉坏习惯

尊敬的沈老师：

您好！

给您写这封信时，我心里非常紧张，因为我实在不知道该怎样向您说这件事。

我是一名小学五年级的学生。我四岁时，父亲得血癌去世了。现在，我十一岁了。七年来，母亲一直兼职做三四份工作，含辛茹苦地把我养大。可是，我总是不知节俭：看见同学吃东西，我也想买来吃；看见同学买了一个漂亮的笔记本，我也想要一个……我真的很想改掉这个坏习惯，可我总是克制不住自己。

我感觉自己就像一个败家子，心里十分愧疚。

妈妈常常对我说："要为自己树立一个奋斗的目标。只有竭尽全力地向目标前进，才会让自己的生活更充实。"我觉得，如果我有这样一个目标，就能改掉这个坏习惯。遗憾的是，我没有。

沈老师，请您帮我出出主意。

期待您的回复！

祝：

身体健康，合家欢乐，万事如意！

为难的小含

Re：我想改掉坏习惯

精神的富有才是永恒的

小含同学：

你好！

你的来信由《帮作文》的编辑转给了我。读了你的来信，我的心情有点儿沉重。对你幼年丧父的不幸遭遇，我深表同情。在来信中，你诉说了你的痛苦，你觉得自己不能体谅母亲的难处，挥霍浪费，就像一个败家子。为此，你陷入了深深的自责。

首先，我要说，看见同学吃东西，你也想买来吃；看见同学买了一个漂亮的本子，你也想要，这绝非什么败家子的行为，也算不上是一种过错。羡慕别人的富有，自己也想吃得好一点儿、穿得好一点儿、用得好一点儿，满足物质上的享受，给自己一份好心情，或者说满足一下小小的虚荣心，这是人之常情，再正常不过了，你无须自责。贫困不是你的过错。追求物质上的满足和精神上的快乐，可以说是人的一种天赋权利。事实上，你并没有过分的企图，吃点儿零食、买个漂亮的本子，对小学高年级的孩子来说，绝对是一种合理的消费，并无任何不妥。

但你却为自己的行为感到羞愧。因为你父亲去世得早，家庭的重担全都压在你母亲一个人肩上，她找了三四份工作养活你，家里生活拮据，所以你觉得自己不能和同学攀比，应该节约了再节约，珍惜每一分钱，以减轻妈妈的负担。我觉得，你的羞愧与内疚，恰恰说明你是一个懂事的孩子，是一个有责任心的孩子，还是一个有孝心的孩子。你妈妈应该为有你这样的孩子感到骄傲和欣慰。

月有圆缺，人有贫富。你因为幼年丧父，不可能像正常家庭的孩子一样，身上有很多零花钱，可以随心所欲地买自己喜欢吃的零食和心仪的小玩意儿。你必须有所节制，对你来说，这既是精神的折磨，又是意志的考验。别人在吃好吃的零食，别人在玩好玩儿的玩意儿的时候，自己看着心痒眼馋，也很想要，对一个11岁的孩子来说，这是一种很正常的心态，谁也无权指责你。但这个时候，如果你想到妈妈疲惫的身影，想到妈妈愁眉不展的面容，就克制住自己的欲望——好吃的零食不吃也罢，粗茶淡饭也能过日子；漂亮的本子不要也罢，艰苦朴素也是一种美德。如果你能这样想，并主动放弃购买好吃的零食和漂亮的本子的念头，你就是在为妈妈分担生活的艰辛，就是主动将精神的折磨变成了意志的考验，而且经受住了这份考验。你把普通的物质欲望，升华到了一种精神境界。你所得到的，将远远超出那些好吃的零食和漂亮的本子。他们吃好吃的零食，不过是甜甜嘴巴而已，你却不仅甜了你的心，还甜了你妈妈的心；他们拥有漂亮的本子，不过是玩几天就会玩腻的小玩意儿，你拥有的却是母子情深，是一份早熟而早慧的真感情。

物质上的富有是短暂的，精神上的富有才是永恒的。

贫穷并不可怕，穷则思变。小时候，日子过得苦一点儿，能够换一个角度看问题，或许还是一件好事，因为艰苦的生活更能磨炼人的意志。事实上，古今中外，许多伟大的人物，童年都曾遭遇不幸，儿时家庭都很贫困。例如，美国前总统亚伯拉罕·林肯，他九岁时不幸丧母，家境贫寒，少年时做过摆渡工、种植园工人。但是，不幸的童年并未使他沉沦，相反，却唤醒了他的奋斗意志，使他最终成为美国历史上最伟大的总统之一。

面对贫寒的家境，我觉得有两点须牢记：第一点，坚守道德底线，决不为蝇头小利而去做不体面的事情。“富贵不能淫，贫贱不能移。”养成高尚的人品，坦坦荡荡，光明磊落，不要给自己的人生染上污点。第二点，保持一种乐观向上的人生姿态，相信命运会改变，相信风雨过后就是彩虹，相信美好的生活就在前方。

最后，希望你能刻苦学习，取得优异的成绩，把艰苦的童年生活转变为一笔难得的精神财富，努力进取，用知识改变命运，创造人生的辉煌。

你的大朋友：沈石溪

该不该较这个真儿

尊敬的沈老师：

您好！

我是一名小学五年级的学生。最近，有一件事情一直困扰着我，让我不知所措，希望您能给我一些建议。

上个月，我表妹过生日，妈妈和我去商场给她买了一个毛绒玩具“大黄鸭”，送给她做生日礼物。收到礼物后，表妹爱不释手。可是，两天后，表妹给我妈妈打电话，大哭着说“大黄鸭”屁股底下有个洞，还说不是她弄坏的，是送给她时就有的。妈妈听后，连忙安慰她说：“别着急。明天，我们拿到商场去换。”在一旁的爸爸听了，却不以为然地说：“都买了几天了，买的时候你们没看清楚，现在又去找商家，谁会承认？我看还是算了吧，大不了再买一个！凡事不要太较真儿！”妈妈说：“如果是质量问题，当然要去找商家，这叫‘维权’！”第二天，妈妈带着购物发票，领着我先去表妹家拿了有破洞的“大黄鸭”，然后去商场找到商家。当时卖给我们“大黄鸭”的那个售货员听了我们的一番陈述后，原本堆满笑容的脸立刻板了起来，冷冷地说：“我们没法儿给你换，最多帮你补一下！”妈妈不服气，要求见经理，售货员只好心不甘情不愿地把经理请了出来。双方交涉后，商家说要等厂家证明破洞不是我们自己勾破的而是产品质量问题之后，才能给我们换。还让我们留了电话，说是等收到厂家的回复后再答复我们。

沈老师，您是我最喜欢的作家之一，我很喜欢读您的动物小说。您来评评理：我和妈妈坚持要维权，爸爸却让我们“凡事不要太较真儿”，究竟谁对谁错呢?

您的忠实读者：王珊珊

Re：该不该较这个真儿

学会维权

王珊珊同学：

你好!

首先，我可以负责任地告诉你，你和你妈妈的这次消费维权是完全正确的。无论何时，人都要学会对不合理的事情说“不”。在日常生活中，我们的权益难免会受到侵犯，但是，只要真理站在我们这边，我们就应该坚决维护自己的合法权益；只有每个人都积极维护自己的权益，才能逐步遏制社会上违法侵权事件的发生。“国际消费者联盟组织”于1983年将每年的3月15日定为“国际消费者权益日”，我国于1993年10月31日颁布了《中华人民共和国消费者权益保护法》。每年的“3·15”，中央电视台都会曝光大量触目惊心的伪劣产品和各种骇人听闻的危害消费者权益乃至生命的事件，宣传如何维护消费者的合法权益；《中华人民共和国消费者权益保护法》的实施，提高了消费者的维权意识；《消费者宣言》向所有人承诺："不论男女老少都享有知情权、健康权及生存权。"有了法律的保护，我们应该勇敢地拿起法律武器，保护自己的合法权益，合情合理合法地与侵害消费者权益的行为做斗争。

我曾经注意过这样一篇报道：2006年3月21日，北京市第一中级人民法院的民事审判法庭审理了一起特别的民事诉讼案。一个大学生因北京地铁复八线车站设置收费厕所，把北京地铁运营公司告上法庭，要求该公司退还五角钱的如厕费，并就复八线未设置免费厕所一事向纳税人做出书面解释和书面道歉。他就是被《CHINA DAILY》誉为"维权战士"的大学生——郝劲松。他的行为为全社会维权树立了榜样。从他身上，我们应该学习到：当自己的合法权益受到侵犯时，要学会运用法律武器维护自己的权益。这件事还反映出社会上一个普遍存在的现象：很多人都不乐意为一点儿小事揪住不放，认为只要没有造成太严重的伤害，即使心里稍有不爽，也就能忍则忍了。但是，如果面对共同的小伤害，大家集体选择沉默，那么我们就会变成一群沉默的羔羊，任人宰割，真理也会在沉默中溃败。

我自己也曾经打过两场维权官司。第一场是在2004年，上海某剧团上演了一出新戏《羚羊飞渡》，里面的情节与我的短篇小说《斑羚飞渡》如出一辙，但作者署名却不是我。搜集完证据以后，我给该剧团领导写信反映此事，却一直没有收到回复。于是，我决定拿起法律武器维护自己的合法权益，一纸诉状告到黄浦区人民法院知识产权庭。因证据确凿，法庭受理此案，将开庭通知书送达该剧团。法律的威慑力无比强大，该剧团在接到开庭通知书的当天，就主动打电话约我见面，向我赔礼道歉，承诺更换作品的署名，并给予一定的经济赔偿，最后双方达成庭外和解。第二场是在2011年，我发现某网站和一些地方的民营小书店在销售我的两本书，一本是《狼王梦》，另一本是《第七条猎狗》。在书的封面上，出版单位写的是某图书出版公司；在版权页上，出版单位写的是该图书出版公司的西安分公司。事实上，我从来没有和该图书出版公司或者该公司的西安分公司有过什么联系，更谈不上授权出版我的作品；我也从未收到过样书和稿费。况且，这两本书我早已授权另外一家出版社出版，版权还没到期，我根本不可能重复授权别的出版社来出版。一个正规的出版社，在未得到作者授权的情况下，竟公然践踏《中华人民共和国知识产权法》，非法出版我的作品，是可忍孰不可忍。这是典型的盗印盗版行为。我立即和我授权的出版社一起，一纸诉状将该图书出版公司及其西安分公司告上法庭。西安中级人民法院知识产权庭出面进行了调解，结果当然是该图书出版公司及其西安分公司向我和我授权的出版社赔礼道歉，销毁存书，停止侵权，并赔偿相应的损失。

这两场维权官司给我的体会是：法律面前人人平等，法律是维护人的尊严的最犀利武器。

我不想占别人的便宜，不会去侵犯别人的权益，但我也决不容忍别人来侵犯我的权益。这是我做人的底线。

总之，我非常欣赏你妈妈这种敢于较真儿的态度，希望你能从你妈妈身上学会如何维护自己的合法权益。假如每一个中国人都能像你妈妈一样，在自己的合法权益受到侵害时，勇敢地站出来向对方讨个公道，那么，我们建设法治社会的理想就不会是一种空想了。你应该为你妈妈感到骄傲和自豪。

祝：

一切顺利！

你的大朋友：沈石溪

这个城市属于我吗

沈老师：

您好！

我是一名小学五年级的学生。前几年，我父母来上海打工，爸爸在上海市建四公司做劳务工，妈妈在一个小区物业做清洁工。二年级时，我跟随父母从江西转学来到上海，到现在已经有三年时间了。但是，我感觉自己一直没有适应这里的学习和生活环境。在班里，我觉得自己像一只离群的雁，孤单、无助。我没有要好的朋友，和老师沟通也不多，学习上感觉也有点儿吃力。放学后，回到又小又破的出租屋，我感觉很失落。爸爸妈妈下班后，已是精疲力竭，根本没有时间和我聊天、陪我复习功课。我好想念在江西老家的日子：那里有属于我们自己的家，有我从小玩到大的好朋友，有疼爱我的爷爷奶奶。我曾经多次向父母要求一起回老家，但爸爸妈妈说在上海能多挣点儿钱，等过几年我读高中时再一起回去。这意味着我还要在上海待四年。

四年的时间，太漫长了！

沈老师，每当我感觉寂寞无聊时，就喜欢看您写的动物小说，解解闷儿、散散心。您能告诉我该如何度过这漫长的四年时间吗？

郁闷的学生：孔东林

Re：这个城市属于我吗

融入城市，融入社会

孔东林同学：

你好！

随着改革开放和社会经济的发展，地区之间的人员流动越来越频繁，上海、北京、深圳等大城市的外来务工人员的数量猛增。上海这几年发展很快，城市建设日新月异，这与那些勤劳、智慧的外来务工人员的辛勤付出是分不开的。对于上海这座城市来说，不论本地人还是外地人，都是上海的建设者。

每个人的脑海中都有挥之不去的记忆。家乡是我们成长的地方，那里有熟悉的朋友、快乐的童年和浓浓的乡音。唐朝诗人王维有一句诗："独在异乡为异客，每逢佳节倍思亲。"身处异国他乡的侨胞会思念祖国，身处异地的人会思念家乡，这是人之常情。16岁时，我离开上海到云南插队落户，独自一人背井离乡，也曾体验过对上海和家人的刻骨铭心的思念。所以，我能理解你的苦闷和思乡之情。

人换了一个环境，为何会产生思乡之情呢?

其实，在很大程度上，思乡情绪是人的一种自我保护本能，是人类对未知环境的恐惧而产生的一种对已知环境的眷恋。人的这种故乡情结，我认为和动物的一些本能是相通的。“胡马依北风，越鸟巢南枝。”这句古诗翻译成白话文，意思是北方来的马到了南方，总是昂着头向北方凝望；越国的鸟到了别的地方筑巢时，总会挑选长在树南端的枝叶。

动物尚且如此，有思想、有情感的人类，当然更容易产生思乡之情。

你跟随父母来到上海，由于生活习惯、语言环境、社会地位、经济状况等的差异，很难完全适应大城市的学习和生活环境，感到孤独、无助，在潜意识里有一股逃避现实的冲动，这很正常，任何人都无法避免。

但是，你离开家乡来到上海，这是命运的安

排，你无法逃避。既然无法逃避，你就应当以一种积极的心态，把移居上海看作是生活向你发起的一个挑战。你要勇敢地接受这个挑战，谨记“适者生存”这句名言，学会适应上海的社会环境和生活节奏。

关于这一点，我有三条建议供你参考：首先，要交几个知心的朋友，哪怕一个也好。朋友是金，尤其在一个新环境里，每当你在学习上遇到困难、在生活上受到委屈时，都可以向朋友倾诉。知心朋友是避免孤单的法宝。其次，把心思集中在学习上，培养一些其他的兴趣爱好，如打乒乓球、唱歌等等。多多开发自己的潜能，提高自身素质，充实自己的生活。这样，你的精神就有所寄托，就不会因为无聊而太想家。最后，要有“好男儿志在四方”的信念，不要被思乡之情羁绊。你要知道，雏鹰只有离开家才能真正长大，才能拥有自己辽阔的天空和辉煌的前程。

另外，我想说，随着经济的发展，上海市政府也在逐步完善对外来务工人员及其子女在上海的各项政策保障。其中包括劳动保障政策、医保政策、购房安居政策、异地婚姻政策、子女异地就读政策等一系列保障政策。这无疑为像你这样的外来务工人员子女在上海立足提供了政策上的保障。

所以，孔东林同学，请你放下心里的包袱，摆正自己当前的位置，克服自己心理上的障碍，努力学习，积极奋进，尽快融入班级、融入社会。上海是你的第二故乡，这个城市属于我也属于你，属于每一个为上海建设做出贡献的劳动者。请放开胸怀，拥抱这座美丽、繁华的国际化大都市。

最后，跟你说一句掏心窝子的话：上海是目前全中国最有创新活力的大都市之一，是许多年轻人实现梦想的舞台。这座城市不仅能开阔你的视野，还能为你提供更多的机会。如果你能在上海扎下根来，一定能过上更好的生活，开创更美好的明天。

青春是可塑的，相信你一定能克服困难、积极进取，把自己塑造成一名优秀的新上海人。

你的大朋友：沈石溪

我有一个英雄梦

沈老师：

您好！

我是您的忠实粉丝，特别喜欢您笔下那些坚强、勇敢的动物形象。它们为了爱奋不顾身，甚至不惜牺牲自己的生命。在我眼中，它们是真正的英雄。我也渴望能像它们一样，成为一个能为家庭分忧解难的小英雄。

我家境不好，为了维持生计，爸爸妈妈都去南方打工了，我一年只能见他们一次。无奈，年迈的姥爷就担负起了照顾我的重担。我很想做点儿什么，替他分担一些家务，但事实上，我根本帮不上什么忙，反而会给他添乱。

沈老师，您能告诉我，怎样才能成为为家庭分忧解难的小英雄呢？

山东读者：赵昊强

Re：我有一个英雄梦

你就是英雄

赵昊强同学：

你好！

首先，谢谢你对我的信任。我相信，你给我写这封信时一定鼓足了勇气。虽然你的家境不好，但我很欣赏你的坦率和真诚。我觉得，真正的英雄首先是坦率、真诚、勇敢的人。我愿意把你想象成已经具备了英雄气质的小小男子汉，也很愿意就你提出的问题谈谈我的想法，希望能对你有所启发。

我认为，对你来说，最不容易的是父母不在身边。他们为了生计暂时离开你，让小小年纪的你不得不面对比同龄人更多的惶惑和苦恼、困难和艰辛。我们那代人的童年岁月虽然物质匮乏、生活艰难，但至少有父母陪伴在身边。到了你们这代人，社会发展了，时代进步了，物质丰富了，可是为了生计，你们的父母却只能无奈地背井离乡、外出打工，没有办法陪伴你们。我完全能理解你的心境，也能想象你面临的困境。这种痛苦很难用词语来表达，那种对父母的牵挂和思念肯定特别沉重和压抑。我相信，你的父母在外打工，肯定也时时牵挂着你、惦记着你，希望你能健康快乐地成长。

社会给像你这样遭遇的孩子贴了一个很别致的标签——留守儿童。

其实，赵昊强同学，留守儿童问题不是你一个人的问题，这是经济发展的巨大代价，也是很多农村家庭不得不面对的问题，有太多像你一样的孩子正面临着同样的苦恼和困惑。想到那些和你共命运的留守儿童，你心里也许会好受一些，但这并不能抹杀痛苦本身，问题的关键是我们应该如何摆脱这种困境，相信这也是你给我写信的目的。

我的动物小说中经常会写到这样一个情节：某个动物，本来生活很平静，却突然遭遇某种变故。它们无法选择自己的命运，而是命运选择了它们，让它们去面对，去接受命运的挑战。我那样写，并不是有意刁难我的动物角色，而是因为现实的人生逻辑往往是这样，谁也无法选择命运。在强大的生存环境面前，个体生命无疑是柔弱的，它只能被动地接受命运，或者任命运摆弄，或者与命运抗争。所以说，人生在世，苦命是一种常态，人生不如意事十之八九。

既然你是我的小说迷，我们可以假想你就是我小说中一个身处逆境的角色，那么，你该如何走出逆境、超越现实，让一个弱小的自我成长为一个强大的自我，也就是你渴望成为的英雄呢?

如果你认真读我的动物小说，就会发现，我不会让我笔下的动物角色匍匐在命运的脚下，我会让它战胜一切艰难困苦，勇往直前。那么，你能战胜吗？能战胜对现实的灰心失望，战胜对父母的思念埋怨，战胜对自己的轻视不满吗？如果你能，你就会明白：困难只是暂时的，父母终究会回来，哪怕一年只见一次面，他们依然深深爱你；弱小也是暂时的，因为你足够强大。真正的强大不在于你能获取多少，而在于你能忍受多少。你的确少了一份与父母朝夕相处的温情，但是你多了一份与日俱增的独立和坚强。如果你因为无法与父母谈心而遗憾，那么你可以写信、写日记，及时与他们交流自己心中的想法；如果你因为不能替姥爷分担家务而内疚，那么你就用更优秀的成长来证明自己。你的懂事就是最好的孝顺，你的努力就是最好的慰藉，你学习成绩的每一点儿进步都是往英雄的路上又前进了一步。在这个过程中，你会发觉自己变得既柔韧又坚强。

赵昊强同学，我相信你一定会唱响属于自己的《英雄交响曲》，将自己的人生书写成一部精彩的传奇！

你的大朋友：沈石溪

五彩青春

喜欢她有错吗

尊敬的沈老师：

您好！

我是一名初二的学生。最近，我失恋了，内心很痛苦，想向您倾诉我的情感困惑，希望您能帮我出出主意。

我知道，对我们这个年龄段的学生来说，恋爱是不被允许的，但是我却情不自禁。我和她是同班同学，又是前后座。她性格开朗，长相甜美，学习成绩优异。平时，每当我遇到难题向她请教，她总是耐心、热情地给我讲解。久而久之，我们彼此产生了好感。后来，我经常主动约她去公园散步、去麦当劳吃汉堡。和她在一起时，我感觉很快乐、很舒服。可是，没多久，我们的交往被同学发现了，而且很快就传到了老师和家长的耳朵里，遭到了他们的一致反对。其实，我们只是彼此欣赏、相互爱慕，并没有什么出格的行为。可是，流言蜚语把我们压得喘不过气来，给我们造成了很大的心理压力。

前些天，她向我提出“分手”，还告诉我她父母正在为她办转学手续。听说她要走了，我心里很难过，每天心神不宁，.没法儿专心学习。

沈老师，您说我该怎么办呢？您能帮帮我吗？

您的忠实读者：黄子衡

Re：喜欢她有错吗

跨越青春期的考验

黄子衡同学：

你好！

谢谢你对我的信任。一般而言，到十二岁左右，人的身体便进入了第二个高速发育期。这个时期，男孩的第二性征开始显露，嗓音低沉、喉结突出，开始长胡子，并出现遗精现象；女孩的第二性征也开始显露，嗓音圆润，乳房开始发育，身材曼妙，并出现月经现象。伴随生理上的这些变化，中学时期的男女生在心理上也会发生微妙的变化。男女生彼此之间产生好感，不由自主地去接触异性，取悦对方，产生爱慕之情，这属于一种正常的心理现象，也就是人们常说的“青春期萌动”。

德国大文豪歌德在他的《少年维特之烦恼》的开篇就写下这么两句话：“哪个少年不钟情，哪个少女不怀春？”中国最早的诗歌总集《诗经》的第一首诗歌《关雎》，开头四句就是："关关雎鸠，在河之洲；窈窕淑女，君子好逑。"可见，少男少女之间这种互相吸引的情感，中外同理、古已有之，是一种最常见、最健康、最美好的感情。

虽然爱情是美好的，但早恋就不一定了。"早恋"这个词，从字面解释，就是过早地恋爱。在这里，我想谈谈"恋爱"和"早恋"的区别。

恋爱，现代定义为两个人基于一定的物质条件和共同的人生理想，在各自内心形成的对对方的最真挚的仰慕，并渴望对方成为自己终生伴侣的最强烈、最稳定、最专一的感情。

早恋，通常是指发生在生活、经济上不能独立，同时又比法定结婚年龄小很多的青少年这一特定群体中的恋爱行为。

毫无疑问，早恋是一份未成熟的感情。中学生虽然身体开始发育了，但尚未完全成熟，还在长身体的时期，过早进入缠绵的情感世界，对身体发育显然是不利的。更重要的是，中学生的首要任务是学习，虽然并不是所有人早恋都会影响学习，但不可否认，早恋会分散人的精力。人的精力是有限的，恋爱谈得多了，学习的时间就少了，长此以往肯定会影响学业。再则，两个人在一起的时间多了，只顾和对方交往，疏远了周围的其他朋友，容易缩小交友范围，导致人际关系狭窄。

人的一生，每个阶段都有每个阶段的人生使命：幼儿时，我们要学习人之初的基本知识；少年时，我们进入了知识学习和吸收的高峰期，为以后的发展奠定坚实的基础；大学毕业后，初入社会，我们开始参与社会竞争，学习如何为人处事；紧接着，我们便开始恋爱、结婚、生儿育女，并逐渐进入事业发展的高峰期……在人生的每个阶段，我们会经历不同的喜怒哀乐，经受不同的人生洗礼。从这个意义上说，人生佳境，就是什么年龄做什么事，哪一个人生阶段完成哪一个人生使命，既不要提前，也不要滞后。

早恋，就是把以后该做的事提前做了，把将来一定能品尝到的甜蜜爱情提前消费了。打个不恰当的比喻，人生好比一棵树，爱情就是人生之树上的果实。果实刚结出来，又小又生、又酸又涩。你还没等果实成熟，就急急忙忙采摘下来，能好吃吗？

你得有点儿耐心，当果实经过阳光雨露的呵护，变得饱满、芬芳的时候，你再去采摘，必能品尝到爱情之果的甜美和馨香。

所以说，早恋即使有爱，也是青涩的爱、酸涩的爱、半生不熟的爱、难以下咽的爱、吃多了有可能会倒胃口的爱。

我这么说，并非指责你对那位优秀女生的爱慕之情。早恋也是一种恋，不该受到过多和过度的责难。少男少女之间的情感，至真至诚、纯洁美丽，是生命的土壤上绽放的娇艳花朵。但我们要理性地对待这份情感。年轻的你，要做的事还很多，要走的路还很长，要把握青春，去做自己该做的事，把时间和精力转移到紧张的学习和多彩的业余生活上去。譬如，多看一些文学名著，多关心国家大事，多参加集体活动和有益身心的体育锻炼。至于这份懵懂的爱恋，就把它珍藏在心底，化作纯洁的友情，留待以后慢慢品味。

黄子衡同学，我向你推荐一部青少年励志电影《花季·雨季》。它真实生动地讲述了花季少年们美好的青春点滴，值得一看。影片中，以班长谢欣然为代表的同学们在班主任江老师的带领下，经受了一次次生活的洗礼，在寻常的点点滴滴中感悟出不平凡的道理，一步步走向成熟。影片中的刘夏与王笑天是两位很有上进心的优等生，彼此心生爱慕，但他们在各方面都能互相帮助、互相扶持、互相督促、共同进步。看看影片中他们俩的相处之道，也许对你会有帮助和启发。

其实，在中学阶段，很多人都曾萌生过类似朦朦胧胧的情感，我也不例外。中学时代，我也曾暗恋过班上一位漂亮聪慧的女孩。当时，我也一度痴迷，课间总是找机会接近她，放学后也尽量创造机会与她同行。有一天，我鼓起勇气，递给她一张小纸条，表白心迹。终于，我得到了她的回复："我们都还年轻，请把精力放在学习上。"短短十几个字，对我可算是当头棒喝了。遭到拒绝后，我痛苦了三天，很快又清醒过来，努力学习，不再胡思乱想。现在回想起来，她是正确的。学业为重，前途为重，这才是年轻人的理性选择。大多数的早恋都会夭折，这也是没办法的事。既不必追悔，也不必遗憾，就当是生活的一场预演，就当是人生的一次小小实验。

你来信说，那位女同学就要转学了，你为此寝食难安。你的心情我可以理解。天各一方，“相见时难别亦难，东风无力百花残”。对两颗相爱的心来说，确实是一种痛苦和煎熬。但我想说，“两情若是久长时，又岂在朝朝暮暮”？暂时的分离，对你和她来说，或许还是一件好事呢。时间是感情的试金石，看看这份早到的情感能否经受得起时间的淘洗。假如时间一久，彼此的感情直线降温，那就请把这份异性相吸的情感升华为纯洁无瑕的同窗友谊；假如时间久了，彼此的感情仍能保持恒温状态，等到了谈婚论嫁的年龄，那就大胆相爱吧。青梅竹马，两小无猜，有情人终成眷属，也是人生一大幸事。

总之，面对这份早熟的感情，一定要理智而冷静，这是青春期的激情，也是青春期的考验，相信你能经受得住这份考验，既珍惜呵护这份感情，又不影响彼此的学业和生活。

最后，我还想借此机会，送给家长和老师一句忠告：当你发现你的孩子或学生有了早恋倾向，请不要暴跳如雷，更不要有“狼来了”的恐惧。青春年少，两颗火热的心擦出些微火花，没什么大不了的，天塌不下来，地球照样转。面对已经早恋的孩子，一味地指责于事无补；棒打鸳鸯、粗暴地喝令孩子斩断情丝，甚至恶语相加、践踏孩子的感情、蹂躏孩子的心灵，更是一种错误的做法。假如身为家长或老师的你真的这么做了，会使孩子产生逆反心理，做出不明智的举动，酿成一枚难以下咽的苦果，那就悔之晚矣。最好的处理办法，就是动之以情，晓之以理，坦诚交流，耐心劝慰，帮助孩子把青春激情引导到正确的生活轨道上来。

青春最率真、最潇洒、最活力四射。青春万岁！

你的大朋友：沈石溪

崇拜偶像错了吗

尊敬的沈老师：

您好！

我是一名初中一年级的女生。

我的偶像是中国台湾超人气明星——绰号“小猪”的罗志祥。他不仅长得帅，还颇具音乐才华。他出身于一个康乐队家庭，爸爸妈妈收入微薄，不能让他接受正规的音乐训练。在这样艰苦的条件下，他却自学成才，成为一名天才小鼓手、舞者、偶像歌手、影视剧明星、综艺节目主持人和制作人。他的励志故事深深打动了我。他的现场演唱会、他出演的影视剧、他主持的综艺节目……凡是与他相关的一切，我都关注。可是，父母说我是个“追星狂”，坚决反对我追星，责令我把卧室里、书本上、电脑屏幕上所有罗志祥的照片都处理掉。

沈老师，我觉得我父母真的很过分，他们根本就不理解、不尊重我。照您看来，我崇拜偶像错了吗?

您的忠实读者：蓝欣

Re：崇拜偶像错了吗

青春的标杆

蓝欣同学：

你好！

偶像崇拜是一个很有趣的话题。收到你的来信后，我留心观察了一下，惊奇地发现，许多人都有自己崇拜的偶像，套用一句流行语，许多人都是“追星族”或者“粉丝”。我的小孙女芳龄五岁，就已经是“喜羊羊与灰太狼”中美羊羊的铁杆儿粉丝了。一谈到美羊羊，她就眉飞色舞，心花怒放；去商场买衣服或文具，她也一定要买带有美羊羊图案的。我妹妹50多岁了，仍是中国台湾“玉笛公子”费玉清的粉丝。2011年，费玉清在上海举办演唱会，1300元一张的门票，她提前两个月就预订了。平时去她家做客，客厅里也总是飘荡着费玉清的歌声。可见，“追星族”，男女老少皆有之。

生活中，每个人都向往美好的人或事，这是人之常情。青少年有更广泛的兴趣爱好和理想追求，追星现象也就更普遍。崇拜偶像明星，宣泄满腔激情，现实与梦幻遥相呼应，给平淡的生活涂抹一些色彩，这也是很平常、很自然的事。

青少年时代，我也追过“星”。那时候，我崇拜的偶像是尼古拉·奥斯特洛夫斯基。他是苏联著名的无产阶级作家、坚定的布尔什维克战士。他出身于工人家庭，家境贫寒。他11岁当童工，12岁上战场，16岁身受重伤，25岁身体瘫痪，年仅32岁便去世了。在他全身瘫痪、双目失明以后，他以坚强的毅力克服了悲剧命运的打击，开始了自己的文学创作生涯。他创作的长篇小说《钢铁是怎样炼成的》是20世纪30年代苏联无产阶级革命文学中最优秀的作品之一。书中的主人公保尔·柯察金，把党和国家的利益放在第一位，为保卫苏维埃政权，同外国武装干涉者和白匪进行了不屈不挠的斗争，成为当时青年人学习的楷模。他在家乡烈士墓前的独白，成为千百万青年人的座右铭：“人最宝贵的是生命，生命属于人只有一次。人的一生应当这样度过：当他回首往事的时候，他不会因为虚度年华而悔恨，也不会因为碌碌无为而羞愧。”我把这句名言恭恭敬敬地抄了100遍，贴在门上、床上、窗上、课桌上、灶台上……用来勉励自己、鞭策自己。

我认为，追星并没有错，很多明星实际上是我们青春的标杆。我们还年轻，刚刚开始人生的旅途，需要一根标杆，一根闪亮的标杆，一根辉煌的标杆，一根能帮我们排遣寂寞和孤独的标杆，一根能让我们产生精神共鸣的标杆，一根能激励我们勇往直前的标杆。

对于你崇拜的偶像——罗志祥，我虽然不太熟悉，但从你的字里行间，可以看出他不仅长相英俊潇洒，而且凭借自己的努力成为全能艺人，实在是很不容易。很多人对演艺明星的看法有失偏颇，认为他们只是一些靠天资、靠脸蛋儿、靠青春、靠过度包装而出名的艺人。其实，演艺明星光鲜的背后，是辛勤的付出和努力，是艰辛的打拼和奋斗。他们把汗水和泪水藏在身后，把光鲜亮丽呈现给大家，把美浓缩在舞台上，把人生感悟融汇在歌声里，这正是演艺明星的价值所在。他们积极向上的人生态度，值得我们学习。

所以，我认为，你把罗志祥当作偶像崇拜，这是青春期很正常的一种心理渴求，并没有什么不妥，只要处理得当，不会造成什么负面影响。

你的父母干涉你追星，我想是因为他们对演艺明星还抱有一种世俗的偏见，骨子里有点儿鄙视那些“戏子”，总认为演艺圈轻浮、混乱，怕你被他们引入歧途。当然，你父母可能还担心你过度追星会影响学习，怕你把偶像作为自己的精神寄托，生活在幻想之中，所以想让你放弃追星，把时间和精力放在学习上。你应当找个机会，坐下来和父母心平气和地谈一谈，谈谈罗志祥，谈谈流行歌曲，谈谈你对生活的理解。交流很重要，推心置腹的交谈能消除误会、增进理解、加强信任。我相信，只要你能够摆正自己的位置，诚恳地和爸爸妈妈沟通，他们会理解你的。

最后，我想送你一句忠告：平时一定要以学习为重，因为你现在正处于青少年时期，是学习文化知识的黄金阶段。追星虽然没有错，但也不能过分迷恋和狂热，不要因为追星而失去自我，要善于从偶像身上吸取积极的人生经验，将其融入到自己的生活和学习中去。

你的大朋友：沈石溪

我不想做“两面派”

尊敬的沈伯伯：

您好！

最近，我很苦恼。我的朋友总跟我咬耳朵，说谁总是说假话、谁总是假惺惺的、谁是两面派，还有哪几个人其实一直面和心不和等等。他们的这些话让我感觉，好像身边的所有人都在钩心斗角，人与人之间的交往突然变得那么复杂。有一次，我帮同学做了一次值日。事后，我的朋友就对我说：“你就那么想干活儿吗？别以为人家会念着你的好，他们只会说你笨、说你傻！”

其实，我很不喜欢听朋友说这样的话。但她也许说得有道理，因为我亲眼目睹过这样的事情。有一天早上，我和学习委员一起上学，半路上遇到一个男生。学习委员让他帮忙拿一下东西，那个男生很爽快地答应了。可没想到，学习委员竟然转过头，凑过来用方言对我耳语："看，白痴吧，让他拿他就拿。哈哈！"那个男生是外省的，听不懂我们的方言，并没有什么反应。可是，我真的不明白，学习委员为什么会这样说呢？

沈伯伯，我不喜欢这样的钩心斗角，不喜欢这样的两面派。我很困惑：为什么助人为乐反倒被人奚落？究竟世界本来就很复杂，还是我太单纯、太幼稚了？我要不要改变自己，来适应外界的环境呢？

沈伯伯，您能给我一些建议吗？期待您的回复！

祝：

身体健康！

来自湖北武汉的倩倩

Re：我不想做“两面派”

告别市侩

倩倩同学：

你好！

读了你的来信，我心里不太舒服。信中提到，你热心地帮同学做值日，朋友却把你数落了一番。我不知道该怎么形容你那位朋友，想了好久，我想到一个词，就是“市侩”。你是一名在校学生，你的朋友也应该只是个未成年的孩子，使用“市侩”这样一个深度贬义词，似乎不太妥当，似乎言重了。我想换一个词，换一个贬损意义较轻较浅的词，但我想了又想，还是找不到更恰当的词来形容你那位朋友。

我不是说你那位朋友就是市侩。市侩专指一些成熟油滑、老于世故、老谋深算的成年人，你的朋友还年轻，不可能变成市侩，但我要说，你的朋友沾染了市侩习气。

何谓市侩？《现代汉语词典》（第6版）是这样解释的："本指买卖的中间人，后指唯利是图的奸商，也指贪图私利的人。"我的理解是：市侩身上最显著的特征，就是老在背后算计别人，又老担心别人在背后算计自己。

你热心地帮同学做值日，这本来是一件同学之间互帮互助的好事，你那位朋友却说："你就那么想干活儿吗？别以为人家会念着你的好，他们只会说你笨、说你傻！"你那位朋友嘴里的"他们"，应该是指你的其他同学。我不知道其他同学是不是真的会说你笨、说你傻，但我可以肯定，在你那位朋友心里，你帮同学做值日，却无利可图，就是笨、就是傻。这种利字当先、斤斤计较的想法，是典型的市侩习气。

还有，你信中提到的那位学习委员，利用别人为自己办事，一转身又恣意贬损别人。行为上要占别人的便宜，精神上也要占别人的便宜，市侩作风暴露无遗。

但是，我并不认为你的那位朋友和那位学习委员就真的是满身市侩习气、不可救药了。他们还只是孩子，他们说出这样的话、做出这样的事，其实是在模仿，模仿某些成年人的腔调和做派，以显示自己的成熟和练达。把世故当懂事，把油滑当成熟，把人际关系中的糟粕当精华，把现实生活里的污水当甘露，这是非常可悲的事情。

是的，生活远不像老师在课堂上讲的那样纯洁美好，但我可以很负责任地告诉你，社会生活也绝非某些别有用心的人所渲染的那样一片晦暗：生活里有钩心斗角，但也有赤诚坦荡；有尔虞我诈，但也有正直善良；有唯利是图，但也有无私奉献；有腐败堕落，但也有廉洁奉公；有魑魅魍魉，但也有君子圣贤。党和政府及社会各界仁人志士，正在不遗余力地加强精神文明建设，净化社会风气，倡导人心向善。这才是社会的主流，才是值得我们学习和模仿的正能量。

让我深感欣慰的是，你信上说，当你听到那位朋友的背后议论，当你看到学习委员的所作所为，你感到失落和困惑，很不喜欢朋友说那样的话，也鄙视学习委员的所作所为。这非常好，证明你是个心地纯良的好学生。

无论多要好的朋友，都不要轻易相信他们在你面前所说的捕风捉影的事情。生活中的很多是是非非，就是在背后不负责任地议论时滋生的。请记住，“来说是非者，便是是非人”。不要以为把他人的是非告诉你的人便是你的朋友。道人是非者，既然在你面前说他人的坏处，自然也会在他人面前说你的坏处。不听拨弄是非者的聒噪，不受拨弄是非者的蛊惑，不被拨弄是非者利用，远离拨弄是非的人，保持你内心的善良与真诚，决不去助长歪风邪气。做人还是要胸襟坦荡，与人为善，真诚待人。

教你一个生活小诀窍：当有人在你面前议论某某人时，你要说说那个人的长处和优点。一个人身上总有长处、总有闪光点，在背后说别人的好话，显示你的豁达与公正，也是与人和睦相处的有效办法。你播出去的是善，收获的也是善；你播出去的是恶，收获的也是恶；你赞美和欣赏别人，也会得到同样的赞美和欣赏。

最后，我还想对你那位朋友和班里的学习委员说几句话：改掉在背后议论别人的坏毛病，切忌戴着有色眼镜去看待社会和自己周围的人，端正自己的心态，与人为善，与环境为善，与社会为善。人心只有向善，才能被阳光照耀。假如不幸沾染了市侩习气，却不认真加以克服和纠正，市侩习气积累得多了，就有可能变成真的市侩；而身边的市侩多了，生活就会变得一团糟，社会就会变成大染缸。

从现在开始，从自身做起，远离市侩，告别市侩！做一个光明磊落的人，让我们每天生活在一种单纯而透明的人际关系里，让我们的社会环境逐渐得到净化。

你的大朋友：沈石溪

朋友为什么疏远我

亲爱的沈老师：

您好！

我叫樊星雨，是上海市普陀区一名小学五年级的女生。

最近，我特别苦恼——不知为什么，我最要好的同学丁咛，忽然疏远我了：我请她吃冷饮，她说肚子疼，不想吃；我请她看电影，她说家里有事，不能陪我看；我请她帮我挑选参加表姐婚礼的礼服，她说她对颜色不敏感……我知道，这些不过是借口，她是在故意冷淡我、疏远我。

沈老师，我真的搞不懂她为什么要这么做。扪心自问，我从来没有做过对不起她的事。恰恰相反，我一直把她当成自己的亲姐妹。我爸爸是做木材生意的，家境比较好；她爸爸是一名保安，家庭条件比较困难。我有了什么好东西，都会第一时间和她分享。有一次，舅舅送我一个iPad，我第二天就借给她玩了。小姨从英国给我带来一对超级可爱的毛绒泰迪熊，据说要1000块钱一只。我知道她要过生日，就毫不犹豫地把其中一只毛绒泰迪熊送给她做生日礼物。平时，我经常带她去吃比萨饼、麦当劳和哈根达斯，从来没让她花过一分钱。她家住的是老式里弄房，里面没有卫生间，洗澡也不方便，我无数次邀请她到我家来洗澡。只要她肯来，我就会倒很多沐浴露在浴缸里，打开所有的按摩和冲浪开关，让她舒舒服服地洗一个泡泡浴……

我从来没有嫌弃她家里穷，一直把她当作最好的朋友、最亲近的闺蜜。可是，她却莫名其妙地冷淡我、疏远我，我真的很难过。

沈老师，我该怎么办呢？您能教教我吗？

您最忠实的读者：樊星雨

Re：朋友为什么疏远我

像爱护眼睛一样爱护朋友的自尊心

樊星雨同学：

你好！

我仔细看了两遍你的来信，似乎闻到了一股财大气粗的怪味。表面看来，你并没有炫耀自己家境富裕，但字里行间，我却切实地感觉到一个有钱人家的孩子惯有的那种居高临下的优越感。

来信中，你说你最要好的同学丁咛，最近总是找各种借口疏远你。你还提到你爸爸是做木材生意的，家境比较富裕；她爸爸是一名保安，家庭条件比较困难。你经常请她一起吃东西，有好东西都不忘与她分享，还无数次邀请她到你家里洗澡。你对她一片真诚，然而她却冷淡你、疏远你。你的内心很困惑，无法接受这个现实，不知道你们之间的友谊究竟出了什么问题。

我告诉你，问题恰恰出在你身上，你肯定无意中伤害了她的自尊心。对许多聪慧而敏感的女生来说，自尊心是她心里的一条红线，一旦你触碰到这条红线，就像触碰到含羞草一样，她对你的友谊之门便会悄悄关闭。

我们先来谈谈自尊。何谓自尊？自尊就是尊重自己，不向别人卑躬屈节，不允许别人歧视和侮辱。每个人都有自尊心，任何人都不允许别人伤害自己的自尊心。尤其在朋友之间，假若你伤害了朋友的自尊心，很可能会失去这个朋友。

我这么说，你肯定非常委屈。我承认，你绝对没想伤害她的自尊心，或许你们之间也从来没发生过争吵，更没有发生过误伤她自尊心的事情。但我要告诉你，很多时候，自尊心是一种说不清道不明的微妙心理。可能一个不经意的眼神、一句无心的玩笑话、一丝难以觉察的讥讽，就会像针尖儿一样刺痛对方的自尊心，让双方的友谊瞬间崩塌。

再来看看你写给我的信，信中你一会儿说请她吃比萨饼、麦当劳和哈根达斯，一会儿说送她进口的毛绒泰迪熊，一会儿说请她来家里的按摩浴缸洗泡泡浴，你的直率、爽朗和大方跃然纸上，却也透出一股盛气凌人的味道。假如对方是一个与你家境相当的女孩，这没有什么问题。朋友之间互相请客，属于正常的人际交往。但据你介绍，丁咛的爸爸是一名保安，她家里连卫生间都没有，这就有问题了。两家的经济条件悬殊，这本身就是你和她之间一道无形的障碍。家庭条件不好的孩子，从小内心就会有一种焦虑感，缺乏自信，还隐隐有点儿自卑。实际上，她每一次接受你的恩惠，心灵深处都会受到一次冲击。她家里连卫生间都没有，你却拥有能冲浪的按摩浴缸，你觉得她会怎么想呢？我可以告诉你，当她在你的按摩浴缸里洗泡泡浴的时候，那不是享受，而是屈辱。你能体会她的痛苦吗？

看得出，你特别珍惜和丁咛的友谊。那么，如何才能消除你们之间的感情隔阂呢？我给你三点建议，仅供参考。

第一，发自内心地将对方视为人格平等的朋友。

你不是千金小姐，她也不是使唤丫头。你们是同学，在人格上是完全平等的。你不能想当然地认为，你有钱，能给予她物质上的种种恩惠，她就应该巴结你、讨好你、迎合你。她没有义务为一种不平等的友谊买单。她有独立的人格，有自己的想法，有选择的自由。她可以选择接受你的友谊，也可以选择排斥你的友谊。对这一点，你一定要有清醒的认识。友谊需要苦心经营，不能用物质去交换。钱可以买到昂贵的商品，可以买到温馨的服务，却买不到真诚的友谊。当你不是表面说说，而是真心诚意地把对方视为平等的朋友，你和她之间的友谊才会牢固。

第二，尊重她的消费习惯和节俭行为，像爱护眼睛一样爱护朋友的自尊心。

高档的消费和真诚的友谊之间没有必然的联系。你有钱，她没钱，这是事实。你要学会换位思考，尊重和保护她的自尊心，而不是一味地拉她去高消费。她有她的消费习惯，你要理解和肯定她的节俭行为。在与她的交往中，你要适当改变自己的行为方式。

首先，说话切忌盛气凌人。言者无意，听者有心。有时候，或许你无意中说出的一句话，别人听起来却很刺耳。

其次，态度切忌居高临下。要学会留意她的感受，把人格平等牢牢记在心里，什么时候都要用平等的姿态和她交往。你要懂得，即使你送给她昂贵的礼物，也要态度诚恳地请求她接受，千万别让对方误以为你是在施舍。

再次，你要长期坚持这样做。友谊就像一株生长缓慢的植物，砍伐它只要一瞬间，培育它却要一生之久。

第三，赞美她的优点，适时倾诉自己的苦楚，在心灵上相互慰藉。每个人都有自己的长处，与朋友相处，发现并欣赏对方的优点非常重要。朋友之间需要相互赞美。你那位叫丁咛的同学，因为家庭条件不太好，会比一般的同学更成熟，生活上也更艰苦朴素，学习上也更刻苦努力，这些都是值得你学习的优点。你家境富裕，生活会比贫苦家庭的孩子更幸福、更快乐，但这并不意味着富裕的家庭就没有烦恼、有钱的孩子就一定快乐。穷有穷的不幸，富有富的苦恼。有些家庭，虽然经济条件不好，但感情和睦，精神生活丰富多彩；也有些家庭，虽然生活豪奢，但家里争吵不断。有些贫困家庭的孩子，虽然物质享受差一些，但父母疼爱有加，视为掌上明珠，也能在温馨的家庭氛围中健康成长；有些富家子弟，虽然拥有昂贵的进口玩具，但父母整日在外奔波应酬，对他们的关爱少之又少，导致他们长期患有爱的饥渴症。既然你把她看作最知心的朋友，就应该对她敞开心扉，不要一个劲儿地秀自家的奢侈、晒自家的豪华，要把你的苦恼和困惑向她倾诉。人心就是这样，当别人在你面前大晒幸福，你心里的嫉妒之情就会油然而生，彼此之间的心灵距离就会拉大；当别人在你面前猛倒苦水，你马上就会心生怜悯，彼此之间的心灵距离就会缩短。真朋友，就要推心置腹地交谈，寻求心灵的相互慰藉。

樊星雨同学，我要借这封信，对你的好朋友丁咛也说上两句。丁咛同学，我很欣赏你的自尊，但光自尊还不行，还要自强。自尊自强，才会改变命运。我也出身贫寒，小时候家里一贫如洗，在富家子弟面前总有一种抬不起头来的感觉。我很理解你的心境和感受。但是，我要告诫你的是：敏感但不要多疑，谨慎但不要胆怯，自尊但不要自恋。调整自己的心态，以一颗温婉、平和、坚韧的心面对生活。相信世界上确有真诚的友谊，相信命运会有转机，相信付出汗水就一定能创造幸福美满的生活。

樊星雨同学，古人说“怨不期深浅，其于伤心”。要知道，心灵的创伤不是一朝一夕就能愈合的，友谊的修复更需要时间和耐心。给丁咛也给自己一点儿时间，让暂时的疏远勾起彼此对对方的思念。然后，找个合适的时间约一下丁咛，真诚地与她沟通，告诉她你非常看重和珍惜与她的这份友谊，告诉她你在乎与她的这段真情。我相信，假若你按照我的话去做，不久以后，你一定能与丁咛重续友谊。

你的大朋友：沈石溪

我失去了最爱的亲人

尊敬的沈石溪老师：

您好！

我是一名小学六年级的女生，原本性格活泼，成绩优异。前不久，我最亲爱的奶奶去世了。我一直无法从失去奶奶的痛苦中走出来，结果，我的学习成绩一落千丈。

我和奶奶的感情非常深。父母常年在外地做生意，是奶奶一手把我带大的。奶奶特别疼我，有什么好吃的，自己从来舍不得吃，都留给我。有一次，我高烧不退，奶奶不分昼夜地照顾我，半夜起来给我喂药，把两只眼睛熬得红红的。平常，无论在学习和生活上遇到什么问题，我都会向奶奶倾诉。她既是我的长辈，又是我的知心朋友。可以说，奶奶是我在这个世界上最亲的亲人。

三个月前，奶奶查出患有淋巴癌，住进了医院。每天，我都到医院看望奶奶。但是，两个月前的一个周末，我最要好的一个女同学过生日，我本想留在医院陪伴奶奶，但那个女同学一个劲儿地给我发信息，邀请我去参加她的生日派对，奶奶也极力劝我去。我见病床上的奶奶气色好像比前几天好多了，于是想：只离开几个小时，应该不会出什么问题。可没想到，就在我离开一个多小时后，奶奶便被病魔夺去了生命。等我赶回医院，奶奶已经永远地闭上了眼睛。我很伤心、很惭愧、很内疚，甚至有点儿怨恨那个女同学，是她害我没能在奶奶临终前守在奶奶身边。

奶奶去世已经两个多月了，我依然沉浸在痛苦中不能自拔。爸爸妈妈都劝我，说奶奶年纪大了，生老病死是自然规律，谁都无法抗拒。道理我懂，可一回到家，看见奶奶用过的茶杯、坐过的藤椅，我就忍不住泪流满面。每当这时候，我甚至会想：什么时候我才能到另一个世界去和奶奶团聚呢？

沈老师，您能教教我，怎样才能从失去奶奶的悲痛中走出来吗？

您忠实的读者：蔡梦绮

Re：我失去了最爱的亲人

把思念酿成生活的蜜

蔡梦绮同学：

你好！

收到你的来信，我首先对奶奶的不幸逝世，表示沉痛的哀悼。

看得出来，你是一个很重感情、很有孝心的孩子。奶奶去世已经两个多月了，你仍然无法接受这一事实，仍然沉浸在悲痛中无法释怀。我完全理解你的心情。

记得有一位哲人说过，一个人活在世上，必须学会改变那些可以改变的事情，容忍那些无法改变的事情。接受现实是克服任何不幸的第一步，即使我们不能接受命运的不公，也改变不了事实的一丝一毫，所以，我们唯一能改变的就是自己。死亡是一个颇为敏感又有点儿犯忌的话题，尤其在像你这样的花季少女面前，确实不太适合谈论这个话题。

尽管如此，我还是想谈谈我对死亡的理解。生老病死是自然规律。任何生命体都会经历这样一个过程：孕育—成长—衰老—死亡。有生就有死，这是没办法的事。在已知的地球动物中，人的寿命是最长的。有人说大象的寿命最长，其实，野生大象很少有活过50岁的，人工饲养的大象最多也只能活到60岁。也有人说海龟的寿命最长，可以活300岁，但这也只是一个未经科学考证的传说而已，因为没有人见过能活到80岁的海龟。有证据表明，人的最高寿限是120岁。也就是说，即使百岁老寿星，最终也难免在人生的舞台上谢幕。“人生自古谁无死”，这句话无疑是客观真理。

亲人去世，我们当然悲痛。谁也不愿意看到亲人死亡，谁也不愿意与亲人永别，但死亡又不可避免。如何来面对这个人生悲剧呢？中国人有大智慧：我们民间有“红白喜事”的说法，“红喜事”当然指的是婚事，而“白喜事”指的却是丧事；把老人去世后办丧事说成是白喜事，悲痛之事却说成是喜事，这似乎有违常理，却体现了中国人面对死亡时豁达的胸怀与平和的心态。既然死亡不可避免，那就勇敢面对，接受现实。热热闹闹地送老人离开这个世界，让逝者安息，让生者宽慰。

在此，我要告诉你一个发生在云南昆明阳光大马戏团的真实事件。

“白珊瑚”是昆明阳光大马戏团内奥赛特竞技马的后裔，刚出生半个月，母马就病死了，团长只好把它交给马戏团的骑手娄阿甲抚养。阿甲天天给白珊瑚刷毛、洗澡、遛腿、晒太阳，还从自己微薄的工资中省下钱来买奶粉喂小马。每天，阿甲踏着晨曦，到三里地外的滇池边割一筐带着露水的嫩草给小马当饲料；夕阳西斜，他会带着它到草滩上追逐嬉戏；皓月当空，他会吹奏短笛给它消愁解闷。人心也换马心，马和人成了形影不离的亲密朋友。由于对阿甲的高度信赖，白珊瑚很快就成为训练有素的表演马。第一流的骑手，第一流的马，人马配合默契，高度和谐。

在十年的演出生涯中，白珊瑚从未出过任何事故，称得上是一匹经得起考验的好马。但是，灾难往往发生在距离胜利仅一步之遥的时候。在一场超级马术表演即将结束时，白珊瑚冷不防看到一条虎斑游蛇蹿到自己的马蹄下。出于对蛇的本能恐惧，马头下意识地猛地一扭，偏离了原先的路线，刚好从钢架旁擦过，阿甲的后脑勺重重地砸在了“工”字形钢柱上，他从马上摔下来，直挺挺地躺在地上，还没被送到县医院，阿甲就停止了心跳。

五个月过去了，失去心爱主人的白珊瑚，就像人死了亲属还在服丧一样，一直没有从悲痛中走出来。马眼直视的方向就是埋葬阿甲的地方，低落到冰点的情绪丝毫没有升温，时间未能治愈它心灵的创伤。它演出乱场，拒绝进食。无奈，马戏团领导只好请阿甲的妻子出面帮忙。阿甲的妻子带着丈夫的遗像和阿甲生前经常穿的花格毛呢休闲装来到马厩，恳切、动情地对白珊瑚说：“白珊瑚啊，你知道吗，他临死前留下的最后一句话，就是叫我们别为难你。他要你活着，你懂不懂？他虽然到另一个世界去了，可我相信，他的眼睛永远在看着你。你不吃东西、不参加训练和演出，整个马队都被你搅乱了，你不仅是在糟蹋自己的生命，也是在糟蹋他对你的信任和爱！”阿甲的妻子触动了丧夫的悲痛，声音哽咽，哭得十分伤心，深情呼唤着因绝食而快要虚脱的白珊瑚。马是有灵性的，让人欣慰的事发生了，白珊瑚张开嘴，大口咀嚼起香喷喷的麦麸。放弃绝食以后，吃了半个月的精饲料，白珊瑚很快恢复了体力，变得强壮起来，精神状态大有改观，变得像一匹意气风发的演出马，开始兢兢业业地训练、认认真真地演出。

在这个事件中，遭受生离死别和情感重创的有阿甲的妻子和他七岁的女儿——她俩一个年轻丧夫，一个幼年丧父，她们对阿甲有刻骨铭心的思念和生死相随的依恋。然而，母女俩很坚强，并且遵循阿甲的遗愿，坚定地保护白珊瑚不遭受血祭的杀戮；还有这匹由阿甲一手带大的白珊瑚——它很长时间都沉浸在失去主人的无限悲痛中。但最终，母女俩和那匹名叫白珊瑚的马，都勇敢地从悲伤中走了出来。

这是一件真实的事情，后来，我把这件事加工改写成一篇动物小说《罪马》。如果你有空的话，不妨找来读一读。

蔡梦绮同学，你从小跟奶奶长大，奶奶给了你爱，你对奶奶有着深深的依恋，这是人之常情，也说明你是一个懂事的、重感情的孩子。但恕我直言，你不该沉浸在无尽的哀伤中走不出来。倘若因为奶奶去世，你就从此萎靡不振，学习成绩一落千丈，甚至有了弃世的念头，你想，九泉之下的奶奶会安心吗？奶奶是爱你的，当然希望你能好好儿活下去。你应该振作起来，把对她的思念化作生活的动力，好好学习，天天向上，取得优异的成绩。只有这样，另一个世界的奶奶才会露出欣慰的微笑。

我曾经在与友人分别时胡诌过一首现代诗，一共有八句，其余七句都忘到爪哇国去了，唯独记住了一句，那就是：把思念酿成生活的蜜。我认为离别的思念分两种，一种是消极思念，一种是积极思念。所谓“消极思念”，就是深陷离别的伤感而无法自拔，为情所累，为爱所累，无法割舍，整天愁眉苦脸，生活由此蒙上了一层阴霾；所谓“积极思念”，就是把离别视为无法躲避的命运波澜，为情而振奋，为爱而振奋，拿得起放得下，为了让爱你的人放心，为了让爱你的人因你而骄傲，更加努力学习，开心过好每一天，让生活由此涂上一层甜甜的蜜。

还有一件事，我也想恳切地告诉你。来信中，你提到一位最要好的女同学邀请你去参加她的生日派对，使你没能在奶奶临终前守候在她身边。这当然是一件无法弥补的很遗憾的事情。你懊恼、悔恨，是可以理解的。但我觉得，你不该责怪那位女同学。谁也没预料到会发生这样的意外。这确实是一场意外，一场让人痛心的意外。那位女同学，完全是出于好心，才邀请你参加她的生日派对。出了这样不幸的事情，她心里一定也很难过。我相信，你奶奶绝不会怪你，她希望看到你快乐，希望看到你和同学们和睦相处。既然事情已经这样了，那就让一切都过去吧，生活还要照样进行。继续呵护与你那位最要好的女同学之间的友谊。友谊之花需要精心养护才能越开越鲜艳。对待朋友，宽容和理解比什么都重要。

“只要我们住在对方心里，死亡就不是分离。”奶奶正在天堂注视着你，我相信，你一定能很快走出失去亲人的心灵阴霾，用阳光的心态，积极迎接新的生活，努力学习，成为品学兼优的好学生，让天堂里的奶奶安心。

你的大朋友：沈石溪

我想帮助贫困的他们

尊敬的沈老师：

您好！

我是一名小学六年级的学生，家住上海。今年暑假，学校组织了深入贫困地区的夏令营活动。

7月10日，我们从上海出发，坐了六个半小时的动车，到达江西南昌。第一天，学校组织我们参观了“八一南昌起义纪念馆”。第二天一早，我们坐了三个半小时左右的大巴车，来到江西省修水县。修水县是著名的革命老区，是秋收起义的主要策源地。到了那里，我们参观了一所名叫“九里湾”的山村小学，包括我在内的所有同学都感到十分震惊：学校很小，教室非常简陋，课桌椅破旧不堪，黑板旧得快看不清粉笔字了；泥巴操场一下雨就没法儿用，篮球架是两根木头外加一块木板钉起来的，球筐就是一个铁圈；他们的伙食很差，几乎顿顿都是白菜、洋芋；和学校里的同龄人交谈，我们发现他们话很少，还有点儿木讷，彼此之间根本没有共同语言；他们已经上六年级了，却没有一个人懂电脑，没有一个人有自己的QQ号；除了教科书，他们几乎没有课外阅读的读物；他们的英语发音不标准，词汇量也不大。

这次夏令营活动结束后，老师要求我们每个同学写一份帮困扶贫的计划书。我很同情他们，真心想帮助他们，准备把家里的旧被褥、旧衣服，还有我的旧玩具和图书，都整理好捐给他们。我还想用自己攒下的压岁钱，买一批文具和一台电脑送给他们。

沈老师，请您帮我出出主意，我还有什么办法可以帮助这些贫困山区的同学们呢?

谢谢您!

您的忠实读者：文卿

Re：我想帮助贫困的他们

不要怜悯要握手

文卿同学：

你好！

我觉得你们学校组织的这次深入贫困地区的夏令营活动，给生活在繁华大都市的学生上了一堂生动而宝贵的社会实践课。

首先，我要说，你是一个很有爱心的孩子。你准备为贫困山区捐献衣物，还打算为九里湾小学赠送一批文具和一台电脑。你这样做会使自己生活得更快乐、更幸福。

我国还是一个发展中国家，经济发展不平衡，地区差异、城乡差异都很大。不可否认，华夏大地还存在不少贫困地区和贫困人群。这次，你们深入江西山区，亲眼目睹了山区孩子艰苦的生活环境和学习环境，对我国的国情有了更透彻的了解，对不发达地区人们的生活有了更直观的认识，这对激发你们的爱心，让你们的思想和心智尽快成熟起来，是非常有意义的。

但我觉得，面对这些贫困地区的同龄人，你们这些从大都市来的学生，除了同情和怜悯，是不是也应该换种眼光、换个角度去看待他们呢？

不错，和大城市的孩子相比，贫困山区的孩子衣着破旧、不懂电脑、没有自己的QQ号、英语发音不标准……但他们纯朴善良、勤奋好学、吃苦耐劳、勇于拼搏，这些人生最宝贵的品质，恰恰是城里孩子所缺乏的。我曾经在云南省澜沧县采访过一所名叫“老鹰峰”的小学。来自一个偏远山寨的九个孩子，每天五点钟起床，跋山涉水两个小时才能到达学校。但连续三年，这九个孩子从来没有迟到过一次。城里的孩子能做到这一点吗？别小看吃苦，吃苦是一种磨砺，经过磨砺才能成大器。“宝剑锋从磨砺出，梅花香自苦寒来”，说的就是这个道理。中国还有一句古话：“嚼得菜根，百事可做。”让人欣慰的是，住在偏远山寨的那九个孩子，后来有四个考上了省城的重点大学，有三个考上了职高。同样考上清华、北大，同样考上重点大学，但贫困山区的孩子所付出的努力，比大城市的孩子所付出的努力不止多一倍。

我这么说，是希望你不要仅仅看到山区的贫困和落后，也要看到山区孩子身上闪闪发亮的优秀品质，学会欣赏，懂得尊重。尽管他们很穷，尽管他们衣着寒酸，尽管他们使用的是破旧不堪的课桌椅，尽管他们教室的黑板已经旧得快看不清粉笔字了，但他们也有远大的志向，也有美丽的憧憬，也有旺盛的求知欲。他们的心如蓝天般纯净美丽，他们的性格如大山般朴实无华。他们也是祖国的花朵，是你们的兄弟姐妹，值得你们欣赏，值得你们钦佩，值得你们尊重。

很大程度上，贫困是环境造成的。事实上，就人的素质或智商来说，城里的孩子和农村的孩子并无二致。呱呱坠地的婴儿，先天条件没有太大的差别。后来差距拉大，是环境因素在起作用。人的成长离不开环境。假如两个孩子，一个是城里孩子，一个是农村孩子，生下来就让他们交换一下，把农村的孩子抱到繁华的大都市去抚养，把城里的孩子抱到贫困山区去抚养，十二年后，会发生什么呢？

是谁不懂电脑呢？是谁英语发音不标准呢？是谁表情木讷呢？

我讲这么多，无非是想告诉你，你聪明活泼、口齿伶俐，你懂电脑、有QQ号，你能讲一口流利的英语，你童年的幸福，你所享受到的一切，除了你自身的努力，很大程度上得益于现代化的生活环境。大城市集中了优质的教育资源，有最好的学校和老师，有图书馆、文化宫、双语教育机构、青少年活动中心等最先进最完善的教育机构和设施。你要感谢生活对你的厚爱，常怀一颗感恩之心，知恩图报，尽自己所能地帮助贫困山区的同龄人改善学习和生活条件，与他们共同努力、共同进步。

我一向认为，支援贫困山区是发达地区应尽的义务，帮困扶贫是每一个中华儿女应尽的社会责任。我们都要以一颗至诚之心，努力承担起这份责任。从这个意义上说，我们把衣物和文具捐献给贫困山区的同龄人，不是居高临下的施舍，也不是一种简单的给予，而是兄弟姐妹间的亲情体现，是同龄人之间的一种友情馈赠。送人玫瑰，手有余香。我们送出去的是爱，收获的是良心；送出去的是友谊，收获的是快乐和幸福。

我们每个人，经济上有贫富差别，人格却是完全平等的。你要牢牢记住这一点，面对贫困山区的同龄人，不要怜悯，要握手。我们都是中国人，都是祖国的花朵，要紧紧握住彼此的手，在人生的旅程中并肩而行，昂首阔步，迈向未来。

至于下一步该用何种方法帮助贫困山区的同龄人，因人而异，因各人的家庭经济状况而异。馈赠东西不论多少，能尽到一份心就好。就你个人来说，你可以找一些性格比较合得来、志趣相投的贫困地区的同学做朋友，教授他们一些计算机知识，帮助他们提高计算机操作技能，还可以为贫困地区英语基础较差的同学补习英语，甚至可以试着用英语和他们通信，激发他们学习英语的兴趣。

我相信，你在无私帮助贫困山区同龄人的同时，也一定能从他们身上学到纯朴善良的品质、刚毅顽强的奋斗精神，从而开阔你的眼界，增长你的见识，丰富你的业余生活，帮助你成长为一个德智体全面发展的好学生。

俗话说："尺有所短，寸有所长。"城里孩子有城里孩子的优势，农村孩子也有农村孩子的优势。只要你们紧握彼此的手，携手并进，一定可以在学习和生活上相互帮助，共同进步，为实现中华民族伟大的中国梦贡献自己的力量。

你的大朋友: 沈石溪

父母离异了，我该怎么办

尊敬的沈伯伯：

您好!

我是一名小学五年级的学生，五岁时，父母离异。我被判给妈妈，和她一起生活。

平时，爸爸很少来看我，因为他每次来，都会遭到妈妈和外婆的冷嘲热讽。后来，他每隔三四个月才带我出去玩一次，很少过问我的学习和生活。现在，爸爸组建了新的家庭，还生了一个女儿，来看我的次数就更少了。

更让我伤心的是，今年年初，妈妈再婚了。之前，妈妈做服装批发生意，虽然很忙，但还是精心地照顾我，抽时间陪我聊天、和我谈心。可是，再婚以后，妈妈和新爸爸每天早出晚归，把家里的琐事，包括我的日常起居都交给了外婆和保姆。更让我不安的是，前几天，我隐约听见他们俩商量要孩子的事情，我担心妈妈和新爸爸有了孩子之后会冷淡我。

眼看着自己的亲生父母各自组建了新的家庭，我感觉自己就像个多余的人，一种被遗弃的感觉油然而生。

沈伯伯，我很喜欢读您的书，您能告诉我该怎么办吗?

来自北京的林鑫然

Re：父母离异了，我该怎么办

找准自己的情感坐标

林鑫然同学：

你好！

我想，你首先要明白一点：爸爸妈妈离婚，并不是什么见不得光的事情。现代社会，离婚并不罕见。很多同学和你一样，也面临着同样的困境。当然，每一个正常的孩子，都希望拥有一个完整的家庭，都不愿意自己的亲生父母离婚。但父母是成年人，享有婚姻法规定的离婚自由，如果双方感情破裂，选择离婚，做孩子的也只能无奈地接受。

单亲家庭的孩子无疑是痛苦的。有人说，父母离婚，一个争吵不断的无爱家庭分化为两个有爱的家庭，孩子进入到一个爱意浓浓的新家庭，其实是一件好事，不会对孩子造成心理伤害，不会给孩子的成长带来负面影响。在我看来，这是不可能的。在这个世界上，物质财富可能是越多越好，但妈妈是只有一个最好，爸爸也是只有一个最好。世界上的痛苦有千种万种，还能有什么比眼睁睁看着家庭破碎、父母离婚更令人痛心的呢?

单亲家庭的孩子承受着莫大的痛苦，这是毋庸置疑的事实。但是，我们可以想方设法把这种痛苦降到最小。

客观地说，你虽然是一个单亲家庭的孩子，但也还算得上是单亲家庭孩子中的幸运儿。听我这么说，你肯定会惊讶地问："沈伯伯，你怎么说我是幸运儿呢？"我这么说当然是有根据的。从你的来信中，我知道，父母离异后，妈妈待你不错，辛辛苦苦地做生意，给你创造良好的生活环境，还忙里抽闲地陪你聊天、和你谈心，还有外婆和保姆照顾你的日常起居。你的爸爸虽然组建了新的家庭、生了一个女儿，但他还是隔三差五地来看你、带你出去玩。看得出，从内心深处，爸爸还是非常牵挂你的。父母的婚姻没有了，完整的家庭破裂了，但父爱还在，母爱还在，父母对你的感情还未褪色。所以说，在诸多单亲家庭的孩子中，你应该算是比较幸运的了。我知道有很多单亲家庭的孩子，生活一团糟，境遇远不如你。

去年，我曾收到一封署名“小峡”的单亲家庭孩子的来信。小峡与你同岁，然而，他的境遇却远不如你，他是父母婚姻的牺牲品。他的父母亲是异地婚姻，离婚后，他判由父亲抚养，母亲异地再婚，从此杳无音信。他虽被判给父亲抚养，但父亲常年在外打工，家里只剩下孤苦伶仃的小峡和年迈多病的奶奶。年幼的小峡不但要照顾自己，还要照顾奶奶。他每天早早地起床，帮奶奶做农活儿，放学回家后还要淘米做饭，常常是忙到天黑才能坐下来写作业。小峡也曾有过痛苦和迷茫，但他咬紧牙关、摆正心态，把不幸看成命运的挑战和生活的磨炼，逐渐从痛苦的阴霾中走了出来，在蜕变的阵痛中成长为坚强的小小男子汉。现在，小峡已经是家里的顶梁柱了，他把奶奶和自己的生活安排得井井有条，学习也抓得很紧。上个月，他写信告诉我，他期中考试成绩在班上名列第三，而且被评为全校的“三好学生”。听了小峡的故事，希望对你能有所启发。

现在，你看着亲生父母各自组建了新的家庭，感觉自己就像个多余的人，担心妈妈和新爸爸有了他们自己的孩子后会冷淡你。其实，你尽可以放宽心。在我看来，你的亲妈亲爸虽然各自组建了新的家庭，但从他们的表现来看，他们还是爱你的，你永远都是他们的孩子。即使在新家里，你也绝不是一个多余的人，恰恰相反，你在这两个新家里的地位还很特殊，尤其是在你妈妈组建的这个新家里，你是一个不容忽视的特殊角色，你的一举一动都会直接影响家里的气氛。你的亲妈或许会比过去更关心你、疼爱你，以弥补对你的亏欠，保证这个重组的家庭能温馨和睦；你的继父既然爱你的妈妈，也必然会疼爱你，他难道没有表现过对你的关心和爱护，比如给你辅导作业，过年过节给你买一些衣裤鞋袜之类的礼物吗?

根据我的经验，再婚家庭的孩子通常掌握着家庭关系融洽的主动权。你要明白这一点，并善于利用这一点。爸爸妈妈离婚了，你生活在一个再婚家庭，这是无法改变的事实。如果你一味地怨恨，把委屈写在脸上，或伺机报复，整天与继父或继母冷战，只会把关系越闹越僵，把家庭搅得鸡飞狗跳、硝烟弥漫。但再怎么折腾，也改变不了生活在再婚家庭的这个事实，反而会让你的亲妈亲爸更为难，原先那份母爱或父爱，就真的要打折扣了。得不偿失、损人不利己的事，何苦去做呢？生活，有时候真的很无奈，该妥协的时候就要妥协，该收敛的时候就要收敛。做一个懂事、乖巧的孩子，既可以让爸爸妈妈感到欣慰，又可以讨继父继母的喜欢，何乐而不为呢？这不是游戏人生，而是智慧人生。

中国有句俗语："天要下雨，娘要嫁人。"你的亲爸亲妈在各自组建新的家庭之后再要孩子，也是天经地义的事。在这个问题上，沉默是金。很多事情，既然你无权干涉、无法改变，就顺其自然、坦然面对吧。其实，家里添丁进口，你有一个同父异母的妹妹，再多一个同母异父的弟弟，热热闹闹的，也没什么不好。想开点儿，心胸放宽点儿。心宽天地阔，气顺亲情浓。

总之，现在的你最重要的是要找准自己的情感坐标，学会坚强，学会忍让，让自己平平安安、健健康康地长大。

英国大作家萧伯纳说过："明智的人使自己适应

世界，而不明智的人则坚持要世界适应自己。”我们应该多一点儿韧性，改变自己，主动适应新的生活，这样，生活才会向我们展露笑颜。

既然你的父母各自组建了新的家庭，追求着属于自己的幸福，你也应该放宽心胸，融入新的家庭，追求自己的快乐生活！

祝福你！

爱你的大朋友：沈石溪

为什么倒霉的总是我

尊敬的沈老师：

您好！

我叫程天昊，今年13岁，是一名初中一年级的学生。我鼓起勇气给您写这封信，是因为我遭遇了一连串沉重的打击，快要崩溃了。

我发现，13确实是一个不吉利的数字。自从跨进13岁的门槛，厄运就像影子一样缠着我：年初时，最疼爱我的爷爷去世了；三月上旬，我家养了五年的杜宾犬被一辆飞驰的卡车轧死了；四月中旬，我玩单杠时，莫名其妙地从上面摔了下来，结果左臂骨折，绑了三个月的石膏；刚开学不久，我新买的自行车停在小区车棚里不翼而飞。最倒霉的是，前天，我和同班的四个男生结伴回家，结果和外校的几个男生发生口角，打了一架。同班的四个男生见警察来了，就都跑掉了，单单我这个没动手打人的人被带回了派出所。这还不算，外校一位男生的头被打破了，警察把账都算到了我头上，还让我赔偿了六百多块钱的医药费。我觉得好冤枉、好倒霉啊！

沈老师，面对命运的一连串捉弄和打击，我该怎么办呢？

您忠实的读者：程天昊

Re：为什么倒霉的总是我

提高自己的抗击打能力

程天昊同学：

你好！

看到你的来信，细细数数，13岁的你确实接二连三地遭遇了好几件倒霉事。对此，我深表同情。我要说的是，人生不如意事十之八九。在这个世界上，并非只有你一个人遇到了不顺心的事。人生少有一帆风顺，免不了会有磕磕绊绊。你看看电视新闻就知道了：全球各地，台风、地震、雾霾、政变、战争、车祸、火车出轨、飞机坠毁、校园枪击案……这些天灾人祸每天都在发生。社会复杂，命运无常。“天有不测风云，人有旦夕祸福。”我们生活在这个纷纷攘攘的世界，随时都有可能遭遇或大或小的厄运打击。

我觉得，面对厄运，首先，要提高自己的抗击打能力。

何谓“抗击打能力”？热爱拳击的人都知道，运动员除了学习搏击技巧，还有一个重要的训练课目，就是提高自己的抗击打能力。拳击场上，再优秀的选手，哪怕是拳王阿里，也不可能不被对方重拳击中。对拳击手而言，挨打是家常便饭。倘若一个拳击手，击打技巧非常高明，却扛不住对手的重拳，对手一记左勾拳击中下巴，便晕头转向、栽倒在地，也算不上一个优秀的拳击手。只有挨了打能挺住，吃了重拳不倒下去，即使倒下去也能在裁判读秒时顽强地站起来，才能最终赢得拳王桂冠。

任何人的身体受到击打，都会受到不同程度的伤害，但受过抗击打训练的人，比普通人要耐受击打，且不易受伤；而抗击打训练水平高的选手比一般选手更能适应高强度的对抗，耐力更强。高超的抗击打能力并非天生，而是经过艰苦的抗击打训练培养出来的。优秀的拳击手，不仅要训练身体的抗击打能力，还要提高心理的抗击打能力，才能让自己立于不败之地。

人生犹如竞技场。面对挫折，我们必须提高自己的抗击打能力和心理承受力。

你应该这么想：生活中有点儿风浪、有点儿挫折，那是很正常的事；并非命运存心捉弄你一个人，很多人都曾有与你相似的遭遇。这样，你或许就不会觉得这么冤枉、这么委屈了。

面对一连串不如意的遭遇，怨天尤人于事无补。不幸已经发生了，亡羊补牢才是应对危机最好的办法。我们应该想方设法把厄运带来的伤害降到最低，千万不要陷在痛苦的泥沼里无法自拔。世界上最大的痛苦，并非痛苦本身，而是把痛苦牢牢锁在心里，让痛苦发酵膨胀。人是有记忆的动物，当你把痛苦的经历放进记忆库，再给它标注上“倒霉”两个字，那么“倒霉”这两个字就会重复出现在你的记忆中。时间久了，你会发现，你的人生也被标注了“倒霉”两个字。过去的事就让它过去吧，要学会释怀。何谓“释怀”？就是将压得你快要喘不过气来的满腹心事释放出来，从心头把这些“倒霉”的事情像卸重一样卸掉，给它们标注成“经验”或“教训”。这不是自欺欺人，而是豁达与睿智。

假如你沉溺在不幸的遭遇中无法自拔，只会感觉生活越来越糟糕。你不妨把挫折看成生活对你的考验。战国时期的思想家孟子说过：“天将降大任于斯人也，必先苦其心志，劳其筋骨，饿其体肤，空乏其身……”人要经受各种磨难，才能终成大器。哲学家老子曰：“祸兮，福之所倚；福兮，祸之所伏。”任何事情都具有两面性，当我们遇到不顺心的事时，不妨换个角度想一想：生病住院不是一件好事，却可以让自己暂时摆脱繁重的工作；丢掉工作也不是一件好事，但同时也给了自己一个新的选择机会……遇事多往好处想，保持乐观的心态。要学会放下烦恼，学会给自己的心灵松绑。拿得起是一种勇气，放得下是一种肚量。学会放下烦恼，让自己在人生的道路上轻装上阵。

举个例子，1914年12月的一天，一场大火把爱迪生的实验室化为灰烬，损失超过200万美元。这笔钱在当时可是一个天文数字。人们担心爱迪生受不了这么沉重的打击，会被痛苦击倒。出乎意料的是，第二天，爱迪生看着一片废墟说：“灾难自有它的价值。这不，我们以前所有的谬误、过失都被烧得一干二净。这下我们又可以从头再来了。”于是，爱迪生将不幸搁置一旁，聚精会神地继续科学实验。灾难给了他动力，也点燃了他创新的灵感，火灾刚过去二十多天，他就发明出了世界上第一部留声机。

我举这个例子，是想告诉你：有时候，那些劈头盖脸的打击也算不上坏事，不如把它们看成生活的拐点或变道，看成是奔向成功的新起点。

其次，我想说，所谓“13是个不吉利的数字”的说法源于西方。其中有一个流传比较广泛的说法是：耶稣受难前，请门徒吃最后的晚餐，参加晚宴的不多不少，正好13个人，其中一个是犹大。耶稣说，13个人里面，有一个会出卖他。果然，犹大出卖了耶稣，致使耶稣被钉在了十字架上。从此，西方人将13视为一个会带来灾难的不吉利的数字。西方的故事，与中国人风马牛不相及。说13是个不吉利的数字，根本经不起推敲：著名的物理学家威廉·肖克莱出生于2月13日，他发明了电晶体，并开创了微电子学时代，荣获诺贝尔物理学奖；加拿大著名篮球运动员史蒂夫·纳什，在菲尼克斯太阳队穿的就是13号球衣，照样成为世界级球星……这样的例子太多了，不胜枚举。

成长不能跳级，一个人不可能从12岁直接跳到14岁，总要经历13岁的点点滴滴。不要自己给自己制造心理阴影、套上精神枷锁。面对一连串不幸的遭遇，提高自己的抗击打能力，快快成长起来吧！

你的大朋友：沈石溪

自控能力差怎么办

尊敬的沈老师：

您好！

我是一名初三学生，面临中考，学习压力很大。为了提高学习效率，考进重点高中，我制订了严格的学习计划，制作了详细的作息时间表。

糟糕的是，我的自控能力很差，容易受外界事物的搅扰和各种娱乐活动的诱惑，总是不能严格执行自己制订的学习计划，时常把大好时光浪费在看电视、打牌、下棋之类的娱乐消遣上。事后，我都非常懊悔，经常暗下决心，保证下次再也不这样了。可是，过不了多久，我又重蹈覆辙。这样反反复复，我对自己已经完全丧失了信心。我也曾请求父母监督，可还是不能严格执行学习计划，高效地利用时间。我真的很苦恼。

沈老师，您能告诉我怎样才能提高自控能力，使自己不论在什么情况下都能理智地控制自己的行为吗？

湖北读者：龚均

Re：自控能力差怎么办

战胜贪玩的另一个“我”

龚均同学：

你好！

自控力是一个很有意思的话题。当今社会充满了各种各样的诱惑，不仅处在学习阶段的青少年需要自我控制，像我这样年过花甲的成年人，在人生的旅途中，也需要不断地增强意志、约束自我，让宝贵的时光尽可能多地聚焦在工作和事业上。

回想我在你这个年龄的时候，也曾有过与你相似的经历。那时，我在西双版纳插队。为了能自学成才、争取一个光明的前途，我像你一样，为自己制订了严格的学习计划，除了下田劳动、吃饭睡觉，其余的时间都安排得满满当当。我把时间表贴在床头的土墙上，还写了“一寸光阴一寸金，寸金难买寸光阴”的条幅以自勉。结果，我常常在规定的学习时间跑出去和朋友打牌、与老乡垂钓，或者带着狗到山上游逛。回到小土屋，看到贴在墙头的时间表和自勉词，我又懊悔不迭，想用减少睡眠的办法把课补上。可是，年轻人熬不得夜，我捧着书机械地读了两行，头一歪就睡着了。久而久之，我对自己失望透顶，咒骂自己是天底下最没出息、最没志气的大懒虫。

人为什么容易自我失控呢？这需要追根溯源，从人的本性来分析。西方的一位动物学家有一个很精辟的论断：动物都是按快乐原则生活的，人是由动物演化来的，这一事实决定了人在某种程度上受快乐原则的支配，在潜意识里渴望获得生理感官的刺激。人类之所以投入大量的精力、物力和财力创造出各种各样玩的花样来，就是要满足自己渴望快乐的本能。枯坐在书案前读书学习，无疑是清苦寂寞的；而看电视、打牌、下棋、与朋友聊天，当然是舒适愉快的。在潜意识里，我们都排斥前者，拥抱后者。但人不是动物，而是有思维、有理智、有理想的生命体。理性告诉我们，应当在清苦与寂寞中发愤图强，努力实现自己的人生价值。虽然这很难做到，但我们必须做到。这是一场理智与欲望的搏斗，是合理的荒诞、正常的怪圈。凡是不甘心一生碌碌无为的人，都会体验到这种矛盾与痛苦。

培养自控能力，最关键的是要洞察人性的弱点。假如时光倒流，让我重新回到知青时代，我会毫不犹豫地撕掉墙上那张苛刻得近乎自虐的时间表，或者对它进行革命性修改；我会恰如其分地看待自己身上年轻人的玩兴，大幅缩减读书时间，将它限制在自己所能承受的范围内；我会理所当然地把娱乐当作生活中不可或缺的一项内容，将它控制在一个不会玩物丧志的限度内；我会对自身的弱点采取积极妥协的态度，逐步向尽善尽美过渡。或许有时候，我会因贪玩耽误了一点儿学业，我不会因此气馁，我会笑一笑，心平气和地对心中那个本能的我说："瞧你，又出来调皮捣蛋，你好坏哟！我都不想理你了！"或许有时候，我因忙于学习而挤占了一些娱乐时间，我会欣喜地对心中那个理智的我说："真不赖，看不出你还有能耐战胜本能。"

我的意思是，自控力是需要用理智浇灌培育的一朵花，不能期望浇一次水、施一次肥、除一次草就能使这朵花永远盛开。培养自控力是一个漫长的过程，甚至会贯穿整个中青年时代。一个人的时间和精力都是有限的，玩的时间多了，势必影响学业。对你的苦恼，我实在拿不出灵丹妙药，只能提供我的点滴经验供你参考。在农村插队的后期，我身边的许多同学纷纷考工考学、远走高飞了，一种紧迫感深深攫住了我。我时常用下面一段话鞭策自己：你是要贪图眼前的小快乐而牺牲将来的大快乐，还是放弃眼前的小快乐而争取将来的大快乐呢？假如你不积极进取、玩物丧志，只能永远在原地踏步，这样你还快乐得起来吗？

为自己树立一个恰当的奋斗目标，找到一个让自己保持努力进取的精神支柱，奋发图强，让惰性变成动力。

祝你成功！

你的大朋友：沈石溪

我的爷爷爱收废品

尊敬的沈伯伯：

您好！

最近，我们家因为“废品事件”引发了一场风波，让我很苦恼。

事情还要从去年奶奶患病去世说起。原本，我们一家三口和爷爷奶奶住在一起，三代同堂，其乐融融。可自从去年奶奶患病去世以后，爷爷就养成了收集废品的习惯，家里不用的旧家电、旧衣服、废纸箱、旧杂志、瓶瓶罐罐等他都收集起来，堆放在阳台上，差不多把整个阳台变成了“废品回收站”。天气一热，臭气熏天。上周六，爷爷外出，妈妈趁机把堆放在阳台上的废品都扔了出去。晚上回家后，爷爷看到“废品回收站”一点儿“存货”都没有了，就大发雷霆。妈妈委屈地说：“这是阳台，不是废品回收站。”结果，因为这件事，爷爷闷闷不乐了好几天。昨天，爷爷突然说要去敬老院。爸爸妈妈听后，心里很不是滋味。妈妈马上对爷爷解释说：“爸，那些废品堆放在阳台上太乱了，味道也不好。我是怕不卫生才扔了的，没有别的意思。”但爷爷还是执意要去敬老院。

沈伯伯，我和爸爸妈妈都舍不得让爷爷去敬老院。您能告诉我，怎样才能让爷爷开心起来呢？

来自天津的杜骏杰

Re：我的爷爷爱收废品

血浓于水——尊敬长辈

杜骏杰同学：

你好！

每年的农历九月九日是我国传统的重阳节。重阳节，又称“老人节”，在我国已有两千多年的历史。敬老、爱老、助老是中华民族的传统美德，重视人伦道德、讲究家庭和睦、尊重和赡养老人是我国传统文化的精华。

早在汉代，政府就大力提倡和奖励孝敬老人的行为。汉文帝的母亲生病时，汉文帝每次都要亲口尝过汤药的冷热，才端给母亲。当时，政府发给七十岁以上的老人一种拐杖，用这种拐杖的老人，在社会上可以得到特殊的优待和照顾。清朝康熙、乾隆年间，政府举行大型的尊老敬老活动，皇帝亲自在皇宫里宴请六十五岁以上的老人，与宴者多达千人，这就是历史上著名的“千叟宴”……在漫长的历史长河中，中华民族在养老、敬老方面有过无数美丽动人的故事：潘综舍身护父，黄香扇枕温衾，老莱子彩衣娱亲，陈遗锅巴奉母等等。

为什么中华民族如此倡导孝道文化呢？因为行孝说起来容易，做起来难。

试想一下，家里如果上有老下有小，孩子需要照顾，老人需要关怀，成年人更乐意照顾谁？客观地说，绝大多数人更喜欢照顾孩子。孩子的第一声啼哭、第一个微笑、第一颗乳牙、第一次蹒跚学步、第一声牙牙学语，都让我们欣喜万分。我们整天围着孩子转，忙得屁颠屁颠，心里却乐开了花。孩子是家庭的希望和明天，是我们生命的延续，不用政府提倡，不用舆论监督，父母都会无怨无悔、无微不至地疼爱和照顾他们。动物学里有一句名言：凡有爱的动物，都遵循情感下倾的原则。“情感下倾”是动物行为学术语。何谓“情感下倾”？就是父母本能地会将情感向自己的后代倾斜。请注意“情感下倾”中的“下”字，就是说情感是往下倾斜的，而非往上的。再来说说老人，他们年老体衰、行动不便、反应迟钝，身体机能逐渐下降，还有很多老人疾病缠身、久病在床，甚至生活不能自理。有些老人的脾气还有些古怪，民间把老人的这种心理变化形象地称为“老小孩儿”，意思就是衰老到一定程度的老人会变得像孩子一样任性。但是，老小孩儿者，他们只有小孩儿的任性和胡闹，却不再有小孩儿的乖巧和可爱。孩子的稚拙，带给人们的是欢笑；老小孩儿的任性，带给人们的只能是无奈。所以，尽管政府提倡、舆论监督，嫌弃和虐待老人的事情还是时有发生。中国传统文化虽然特别提倡孝道，但也有这么一句听起来让人伤感的话：久病床前无孝子。这也是一个反证，让我们知道要真正做到孝是何等不容易。

孩子，可以用两个字来概括——可爱。老人，也可以用两个字来概括——可怜。无助的孩子会引起我们的怜爱，无助的老人只会引起我们的怜悯。可爱和可怜，怜爱和怜悯，虽然都只有一字之差，但其中蕴含的感情，却有天壤之别。

爱孩子、照顾孩子，是人的一种本能、一种天性；爱老人、照顾老人，却需要道德约束和舆论监督。

我们每个人都应该明白这样的道理：老年人把自己的青春奉献给了祖国，为社会做出了贡献。现在，他们年纪大了，全社会都应该关心他们，切实保障老年人的合法权益，让他们有一个幸福、安详的晚年，共享人类社会发展的成果。这也是社会文明进步的重要标志。具体到每个家庭，每个人都有父母，父母对我们有养育之恩。在我们年幼时，父母省吃俭用、含辛茹苦地把我们养大，现在他们老了，干不动活儿了，行动不便了，我们应该赡养他们，以报答他们的养育之恩。

杜骏杰同学，现在，我们来讲讲你遇到的实际问题。

来信中，你说爷爷喜欢收集废品。的确，很多老人都有这样的毛病。好好的阳台堆满废品，回到家就像走进了废品回收站，这的确不卫生。你妈妈把阳台上的废品清理干净，这完全可以理解。可以这么说，你爷爷执意要收集废品，说轻一点儿，是一种心理疾病；说重一点儿，是一种精神疾病，就是偏执。造成这种偏执的原因，我认为大概有三点：一是你爷爷这代人一辈子省吃俭用，任何东西都舍不得扔，勤俭持家早已成了他们根深蒂固的生活习惯，这固然是一种美德，但走到极端便成了病态；二是你爷爷出身很苦，对那种吃了上顿没下顿的凄苦岁月记忆深刻，所以他存储东西，防患于未然，这样会让他有一种安全感；三是你爷爷不想成为可有可无的人，不想成为家里的累赘，老想着能为家里尽一份力，但又没有其他办法为家庭做贡献，就把废品收集起来，体现自己存在的价值，这也让他有一种成就感。

懂得了爷爷的内心世界，就可以对症下药了。心病还须心药医。所以，你们要主动与爷爷沟通，尤其是你妈妈，没得到爷爷的同意就把阳台上的垃圾全部清理掉了，爷爷心里肯定不是滋味。你妈妈要真诚地向爷爷道歉，耐心地向爷爷解释。你呢，首先，要尊敬爷爷。早晨起床、放学回家后，都要主动向爷爷问好；有好吃的，先敬爷爷吃。其次，老年人最怕孤独了，你有空的时候就多陪爷爷聊聊天，讲讲你在学校的生活，耐心地听爷爷讲讲他年轻时的经历。等感情融洽了，再巧妙地把话题引到家庭卫生上来。这样，你爷爷就有可能主动修正自己的行为，再也不会把家里变成“废品回收站”了。

信中你提到一个细节——爷爷几次表示要去敬老院，你和爸爸妈妈都舍不得让他去。其实，居家养老有居家养老的优势，敬老院也有敬老院的好处。现在，很多敬老院的条件都很好，老人都有专人护理。在敬老院，老人们虽然不能与家人朝夕相处，但很多老人在一起生活，聊天娱乐都有个伴儿，可以排遣寂寞。这样，他们不仅身体能得到照顾，心灵也可以得到慰藉。老年人主动提出去敬老院，一般来讲有两个原因：一是觉得自己是个累赘，不愿给小辈添麻烦；二是深感孤独，觉得身边没有同龄人做伴儿，与晚辈有代沟，既谈不拢，也玩不到一块儿，所以真心向往敬老院热热闹闹的生活，希望能换个环境、寻找属于自己的生活。

要紧的是你要把准爷爷的心理脉搏。如果他是出于第一种原因吵着要去敬老院，你们当然应竭力阻止，给予更多的关爱和亲情，让他安心居家养老，享受天伦之乐。如果他是出于第二种原因坚持要去敬老院，那就应该尊重老人的意愿，根据你们家的财力，找一家合适的敬老院，让你爷爷心想事成，用一种自己喜爱的方式快乐地度过自己的晚年。

总之，我们要善待老人。不仅人类社会，在动物世界，也有敬老爱老的物种。乌鸦虽然外表丑陋，但在养老、敬老方面堪称动物界的楷模。当乌鸦年老不能觅食的时候，它的子女就四处寻找可口的食物，衔回来嘴对嘴地喂给老乌鸦，并且从不感到厌烦，一直到老乌鸦临终再也吃不下东西为止。这就是人们常说的“乌鸦反哺”。

乌鸦尚且如此，人是万物之灵长，更应该懂得感恩，在父母年迈时，尽心竭力照顾他们。人是有感情、有理性的动物，照顾老人，既是一份感情，也需要一份理性。我们每个人都会变老，善待老人，就是善待明天的自己。

你的大朋友：沈石溪

课堂风云

我能戒掉网瘾吗

尊敬的沈老师：

您好！

我非常喜欢您写的动物小说。在我眼中，您不仅是一位大作家，还是一位动物心理学家和科学探险家。我特别渴望能见您一面，看看您有一个脑袋还是两个脑袋。我之所以会冒出这么一个荒唐的问题，是因为我好想有两个脑袋啊！

我是一个网络游戏超级玩家。只要一玩起网络游戏，我可以不吃饭、不睡觉。我把所有的零花钱和压岁钱都用来玩网络游戏了。因为这个，我没少受父母的责骂，也没少挨老师的批评。其实，我也知道沉溺于网络游戏不好，也曾无数次下决心戒掉网瘾，但每次都以失败告终。我经常幻想：如果我长着两个脑袋该多好啊！一个用来做作业，另一个用来玩网络游戏，两不耽误。

沈老师，您有过玩什么东西玩上瘾的经历吗？您又是怎么把心思转移到学习和工作上来的呢？您能教教我该怎样戒掉网瘾吗？

您忠实的读者：单担当

Re：我能戒掉网瘾吗

从虚拟世界走出来

亲爱的单担当同学：

谢谢你给我写信。

首先，我要回答你心中的疑问——我和你一样，只长着一个脑袋。人类都只有一个脑袋，动物倒是有长两个脑袋的，比如大盲蛇。这种蛇俗称“两头蛇”，头和尾的形状一模一样。但如果解剖来看，它其实也只有一个脑袋，另外一个脑袋不过是形状像脑袋的尾巴而已。遇到天敌时，大盲蛇就用假脑袋迷惑对方，以防真脑袋遭受袭击，最后趁机溜走。所以说，大盲蛇的两个脑袋实际上是一种帮助它死里逃生的障眼法。

我非常理解你的苦恼。其实，男孩子喜欢玩网络游戏，是一件很普遍、很正常的事情。那么，男孩子为何喜欢玩网络游戏呢？因为每个男孩子心中都有一个“英雄梦”，都希望自己足够强大，拳打南山猛虎，脚踢北海蛟龙，指挥千军万马，驰骋疆场，叱咤风云。然而，在平淡琐碎的现实生活中，男孩子们很难实现自己的“英雄梦”。但是在网络游戏中，他们可以冲锋陷阵，过五关斩六将，出生入死建立功勋。这一切，自然会让男孩子们着迷。

但我要告诉你，网络就是网络，那只是一个虚拟的世界，永远代替不了现实生活；游戏就是游戏，那只是一种不真实的场景，只能带给你虚幻的感受。

生活是实实在在的，来不得半点儿虚假。哪怕你在网络游戏的虚拟世界中已经变成了一个无所不能的超级勇士，但只要关闭了电脑的电源，你还得回到现实生活中来，还得面对一道道难解的数学题，还得一个字一个字地把老师布置的作文写完。

我可以很负责任地告诉你，沉溺于网络游戏，既浪费时间，又耗费精力，而且，长时间一动不动地坐在电脑前，对身体也没有好处。这样看来，沉溺于网络游戏真是有百害而无一利。

所以，你必须坚决地从网络游戏的虚拟世界中走出来。

在信中，你说你曾无数次下决心戒掉网瘾。这很好，说明你已经认识到沉溺于网络游戏的危害。只有认识到危害，才能主动改正错误。虽然你暂时还不能戒掉网瘾，但是没关系，你完全没有必要自责，更不要气馁。何谓“瘾”？我理解，瘾就是精神上的癌。这个比喻也许有点儿过分，或许称之为“精神顽症”“心理顽敌”更贴切。既然是顽敌，那就是很不容易对付的敌人。人对很多事情都容易上瘾：烟瘾、酒瘾、赌瘾……但凡上了瘾，就别指望一朝一夕能把它们戒掉。

在这个问题上，我曾有过惨痛的教训。三十五岁时，我迷上了打麻将。方城之战，智慧对决，就像打仗一样过瘾。每一次摸牌都像一次探险，摸到一张好牌就欣喜若狂，打错一张牌便懊悔不已。那时候，我不分白昼黑夜，打得天昏地暗。有一次，我在麻将桌旁连续坐了七十二个小时，愣是三天三夜没合眼，连痔疮都坐出来了。我也知道打麻将不好，方城之战，热闹过后，不过是一片虚空，不但耽误了写作、打乱了正常的生活节奏，还影响身体健康。我曾无数次暗下决心，要戒掉“麻将瘾”，还用毛笔写了一幅字条：再打麻将，天诛地灭！我把这幅字条贴在书桌前，以示警戒。遗憾的是，虽然如此痛下决心，但只要“麻友”一来电话，在内心痛苦地挣扎一番之后，我还是抵不住诱惑，又坐到麻将桌旁去了。就这样，我与那个心理顽敌反反复复地抗争，有两三年之久。虽然我当时还不能戒掉“麻将瘾”，但我内心有了一个细微的变化——每次打完麻将，无论赢还是输，我心里都很沉重，感觉非常懊悔。我对自己说：“你一次又一次地言而无信，一次又一次地被‘天诛地灭’，羞不羞呀？你的动物小说创作已经小有成就，你想亲手毁掉自己的前程吗？你是想做一个有理智的人，还是想做一头没脑子的猪啊？”当时，我真是懊悔不迭。久而久之，懊悔就变成痛悔了。

俗话说，世界上没有后悔药可吃。可是，要我说，懊悔确是一剂良药。人非圣贤，免不了会做一些不该做的事，可事后又会懊悔。其实，每一次的懊悔，都是一种积累，是在为自己最终能战胜那个心理顽敌积累勇气、信心和正能量。怕就怕做了不该做的事后，一点儿也不懊悔，仍然执迷不悟，那就真是不可救药了。

终于，有一天，我金盆洗手，再也不摸麻将了。到现在，二十多年过去了，逢年过节，无论亲朋好友怎么相劝，我都没有再坐到麻将桌旁去。

我是一个成年人，还是一个作家，想要戒掉心中的瘾，尚且这么困难，何况你一个十一二岁的小学生呢？像大多数人一样，我和你都缺乏自制力，这没什么好丢脸的。人又不是机器，踩了刹车就一定能及时刹住。要紧的是，犯了瘾之后，要感到懊悔。我再说一遍，懊悔是一剂良药，虽然不能药到病除，但坚持长期服药，肯定能把病治好。

其实，人最大的敌人是自己。认识到自己的不足，坚韧不拔，战胜自我，这才是真勇士、真英雄。

你的名字很有意思。在百家姓里，“单”与“善”同音。我猜想，你父母给你起这么个名字，是希望你长大后做一个有担当、善担当的男子汉。我相信，你一定不会辜负父母对你的期望，一定能勇敢地从虚拟世界中走出来，更加勤奋地学习，培养广泛的兴趣爱好，成为社会的栋梁之材。

最后，我想补充一点：网瘾跟烟瘾、酒瘾、赌瘾等其他瘾还是有本质差别的。课余时间偶尔玩玩网络游戏，也算不得什么坏事，事实上，网络游戏玩得好的孩子，人还特别聪明，头脑灵活，反应很快，智商很高。只是你不该沉迷在网络游戏里，不该因为玩游戏而耽误了自己的学业。希望你能把自己的聪明多多用到学习上去。

你的大朋友：沈石溪

我是一个差学生

尊敬的沈伯伯:

您好!

我是一名小学四年级的学生。我很苦恼，生活得一点儿也不快乐，因为我的学习成绩很差。在班里，我是一名不起眼的学生，同学们都瞧不起我。爸爸妈妈和老师也觉得我脑子笨、不灵活，妈妈还带我去医院测了智商。可是，不论我怎么努力，我的学习成绩还是很差。

沈伯伯，虽然我并不聪明，但我下定决心要努力学习，改变自己，咸鱼翻生，让老师、家长和同学对我刮目相看。沈伯伯，您能告诉我怎样才能提高学习成绩吗?

您的忠实读者：刘思涛

Re：我是一个差学生

你可以创造奇迹

刘思涛同学：

你好！

看了你的来信，我很理解你现在的心情——焦急、沮丧、自卑。学习成绩不好，对一名有上进心却心有余而力不足的学生来说，无疑是一件很痛苦的事。但我要说，学习成绩差的学生并不代表就是愚笨的学生，他们也有天赋和潜能，只是没法儿体现在试卷上，没法儿转化为考试分数。

20世纪伟大的物理学家阿尔伯特·爱因斯坦，4岁才开口说话，从小性格古怪，甚至有些木讷。小学时代，爱因斯坦上课的时候，总是心不在焉，看起来心事重重，谁也搞不清楚他到底在想什么。其实，他是在盼着快点儿下课，好早点儿回到自己的小世界中去。因此，在大多数老师的眼中，爱因斯坦并不是一个好学生。中学时代，爱因斯坦被学校勒令退学。在常人眼中，一个学习成绩不好，还被学校勒令退学的学生，肯定是一个笨孩子。可是，爱因斯坦的父母却从他身上发现了超人的音乐天赋和可贵的探索精神，为他打开了一扇通向辉煌人生的大门。1921年，爱因斯坦获得“诺贝尔物理学奖”。凭借对现代物理学做出的突出贡献，爱因斯坦被公认为是继伽利略、牛顿以来最伟大的物理学家。

文学巨匠歌德，在学校并不被老师赏识。他从父亲那里接受了早期教育，很早就对文学产生了兴趣。他非常勤奋，每天进行大量的写作练习，最终写出了《浮士德》《少年维特之烦恼》等传世之作，成为了世界文学领域中出类拔萃的人物。

现代教育学有一条经典语录：每一个孩子来到这个世界上，都带着自己独有的禀赋。这句话的意思是说：不论多么普通、多么平凡的孩子，一定都有某种天赋。如果他们长大后没有充分发挥出自己的天赋优势，那一定是因为在小时候，父母和老师没有充分挖掘孩子的天赋，没有进行积极的引导，才使那些具有某种天赋的孩子日渐平凡。

刘思涛同学，通过爱因斯坦和歌德的事例，我们不难发现：那些小时候被老师视为笨孩子的学生，长大以后未必不能成大器。有时候，老师和家长过于看重学生的学习成绩。所以，如果你的学习成绩不好，他们便恨铁不成钢，说出一些过激的言语，难免会在不经意间伤害你的自尊心。但是，你一定要坚信，自己绝对不是笨孩子！学习成绩好，金榜题名，固然可喜；学习成绩差，名落孙山，也不是罪过。无论顺境逆境，只要保持积极向上的心态，就能焕发出应对挫折和困难的智慧和力量。

现在，你要仔细分析一下自己在学习上究竟遇到了哪些困难，再想想自己的学习方法和解题思路是否出现了问题。学生时期，我的学习成绩也曾经起起落落。后来，我反复思考、用心总结，得出了一个结论：读书、学习要在“熟”和“精”二字上下功夫。要用“牛嚼”法来读书。什么叫“牛嚼”呢？老牛白天吃完草，直到深夜子时，它的嘴巴还在嚅动。那是它在把白天吞咽下去的东西“反刍”，嚼烂嚼细。学习也是一样。课堂上学到的知识，我们应该反复咀嚼，嚼得极烂极细之后再咽下去。如果你能领会这样的学习方法，课堂上认真听讲，遇到不懂的问题及时向老师和成绩好的同学请教，直到把学到的知识搞明白、弄清楚。这样，经过一段时间的努力，你在学习上一定会有所进步。

实际上，每个人的智商都差不多，真正的聪明来自勤奋。如果你有学而不厌的精神，不断拼搏、努力进取，一定会比现在出色。不付出艰辛的努力，哪来丰收的果实？如果你能把时间和精力更多地放在学习上，像啄木鸟一样啄掉自己身上的懒虫和坏习惯，多动脑，勤思考，充分发挥自己的聪明才智，就一定能创造奇迹！

你的大朋友：沈石溪

我被绯闻击中了

尊敬的沈老师：

您好！

我是一名初中一年级的女生。最近，我遇到了一件让我气愤恼火的事情。

今年七月份，我搬家了，正好和同班的一个男生住在同一个小区。在班里，我们俩又是前后桌。他数学学得好，我的英语成绩好，在学习上，我们经常互相帮助。放学后，我们一起回家。可是，最近班里却传出我和那个男生谈恋爱的绯闻，还说我俩手拉手、肩搭肩、卿卿我我搂在一起逛街。有的同学甚至还恶语中伤。我和那个男生住在同一个小区，放学后一起回家是再正常不过的事情，为什么却遭到一些同学的无端诽谤和非议呢？我真想把那个制造绯闻的人揪出来，和他当面说清楚！

沈老师，我特别爱读您写的动物小说。我觉得您不仅是一位作家，还是一位心理学家，因为您能把动物的心理刻画得活灵活现。您能告诉我该如何应对那些流言蜚语吗？

您的忠实读者：李萱

Re：我被绯闻击中了

走好自己的路

李萱同学：

你好！

生活在繁华缤纷的世界里，我们总避免不了人与人之间的相处。社会上什么样的人都有，有的人兢兢业业、努力工作，有的人夜以继日、发奋读书，而有的人却无事生非，唯恐天下不乱，唯恐别人进步，内心的嫉妒驱使他们通过散布谣言来维持内心的平衡。现实生活中，每个人都有可能遭人诽谤。诽谤者往往希望他散布的流言得到最大限度的传播，好让所有熟悉的人知道你的“绯闻”。

有一位社会学家发现了这样一条规律：越是出众的人，越容易遭到流言蜚语的攻击。无产阶级的伟大导师马克思经常遭到反对派的攻击。面对那些攻击，马克思有一句名言，大意是：将这些流言蜚语当作蜘蛛网一样轻轻抹去，继续前行。

《三国演义》中有这样一句话："越之西子，善毁者不能闭其美。"这句话的大意是：即使最善于诽谤诋毁别人的人，也不能掩盖住越国西施的美貌。美自美，丑自丑，自有公论，并不以个别人的意志为转移。虽然某些人出于某种目的，可以信口雌黄、颠倒黑白、混淆是非，但只能蒙人一时，终有云开雾散、真相大白的时候。这句名言用贴切的比喻说明了一个道理：凡是真正美好的东西，总能冲破重重障碍，显示出它的价值，流言蜚语掩盖不了事实真相。

当自己被别人误解、扭曲、诬陷的时候，人的第一反应就是愤怒恼火，心被搅浑了。冲动的人会直接去找造谣者理论，免不了一番争执吵闹。我觉得遇到非议时，首先要让自己保持冷静，不要让这些流言蜚语影响你的正常生活。我们要有这样一种豁达的心态：嘴长在别人身上，耳朵长在自己身上，说不说，是人家的事，听不听，是自己的事，不必去理会。就像古语所说的那样——"应无背后眼，只当耳边风"。

有这样一则有趣的寓言：一群蜗牛进行一场攀登高塔的比赛，比赛开始了，观众都说，塔太高了，路太难走了，蜗牛永远不会到达塔顶。一些蜗牛听到这样的议论后，丧失了信心，退出了比赛。人们还是不停地发表自己的见解，说蜗牛爬得太慢了，猴年马月才能爬到高耸入云的塔顶啊！结果，更多的蜗牛放弃了比赛。最后，只有一只蜗牛到达了塔顶。当人们询问它是依靠什么力量到达塔顶时，才发现原来那只蜗牛的耳朵什么也听不见。这个寓言告诉我们：不要过分关注别人的议论，走自己的路，那些非议就不会伤害到你。

许多喜欢在背后非议别人的人往往会振振有词地替自己辩解："言论自由是每个人的权利！"是的，每个人都有按照自己的意愿在公共领域自由地发表言论的权利，然而言论自由在受到保护的同时，一定不能跨越边界。在没有足够证据支撑的情况下随意发表言论，这种行为可以称为"诽谤"。如果公开言论已经构成恶意的诽谤，造成别人的名誉损失，别人是可以采取法律途径讨回公道的。根据我国刑法第246条的规定，诽谤罪是指故意捏造并散布虚构的事实，足以贬损他人人格，破坏他人名誉，情节严重的行为。

人都是有诚信度的，如果一个人老是造谣就不会有人相信他了。实际上，从诽谤别人的第一天起，他就是在拿自己的诚信做赌注，输掉这场游戏的人必然是诽谤者。

我国古代有两位大禅师名叫“寒山”和“拾得”。有一次，寒山问拾得：“世间有人辱我、笑我、轻我、贱我，如何处之？”拾得曰：“只需忍他、让他、避他、由他、不要理他，再过几年你且看他！”诽谤别人无非是想把别人的生活搞得一团糟，当别人不理会这些流言蜚语，依然笑口常开、有滋有味地过好自己的生活时，黯然失败的往往是诽谤者，因为他已在算计别人的日子里把自己搞得筋疲力尽了。

李萱同学，出于好奇心，人们普遍有窥探他人隐私的习惯，这是没法子的事。你越解释，各种议论就越多。最好的应对办法就是不在意别人怎么议论，放开心胸，摆脱焦虑的情绪，走自己该走的路，做自己该做的事。

你的大朋友：沈石溪

同桌冤家

尊敬的沈老师：

您好！

我是一名小学五年级的学生。最近，我和同桌明争暗斗，硝烟不断，让我十分苦恼。

就说桌上那条“三八线”吧。那是我和同桌刘杰用直尺精确测量后，划分的“边界线”。平时，不论谁超越了“三八线”，都会引发一场恶战。我们互不相让，誓死捍卫自己的“领土”。更让我心烦的是，同桌刘杰是个“模仿达人”。自从和我做同桌后，不论铅笔盒、钢笔、笔记本，还是外套、鞋子，他都要买和我一样甚至比我更好一点儿的给我看。每次看他那副得意扬扬的样子，我的心里就很不舒服。更悲催的是，在这次的学习委员竞选中，我竟然败在了他的手下。现在，我被他搞得疲惫不堪，感觉很挫败，根本没有心思专心读书。

沈老师，我是您的忠实粉丝，很喜欢读您的动物小说。您那么善于观察和分析动物的心理，一定对心理学很了解，您能帮我分析一下我该如何与同桌和睦相处吗?

来自杭州的李晓晨

Re：同桌冤家

同桌不是冤家

李晓晨同学:

你好!

看了你的来信，我觉得很有意思。信中描写了你和同桌刘杰之间的“恩恩怨怨”，你的信也让我回忆起自己学生时代的点点滴滴。其实，童年是最单纯的，也是最宝贵、最真实的。如何与同桌和睦相处，这的确是一门学问。在学校，你和同桌共用一张课桌，每天在一起的时间多达七八个小时。你和同桌虽然不一定是挚友，但也是因为缘分坐到了一起。

当今社会，独生子女居多，每个孩子在家里都是父母宠爱的心肝宝贝，很容易养成以自我为中心的生活习惯，有点儿任性也在所难免。在学校里，同桌冤家这样的戏码经常上演。你不让我，我不让你，你争我斗，水火不容。有时候，同桌之间会因一些鸡毛蒜皮的小事吵起来，最后弄得两败俱伤。比如，只要一方超过了“三八”线，另一方马上就会给予严厉警告，闹到最后，双方都没心思认真上课了，不仅影响了学习，还会受到老师的批评。

俗话说得好，“在家靠父母，在外靠朋友”，这句话足以说明友情的重要性。人来到这个世界上，不仅需要血浓于水的亲情，也需要珍贵的友情。友情无处不在，而童年时的友情，从某种意义上说是人生情感发育的开始。若是现在我和你谈你与同桌刘杰之间的友情，你一定会排斥我的观点，因为你现在恨不得立刻甩掉这个“讨厌鬼”，唯恐避之不及。你一定会想：我和刘杰之间，除了争吵就是敌视，哪里有一丝一毫的友情啊？

我劝你换一个角度来审视你和同桌刘杰之间的关系。

从你的来信中不难看出，你的同桌刘杰是你的一名超级粉丝，连你的文具、服装甚至鞋子，他都会买雷同甚至比你好一点儿的来追随你。实际上，他很欣赏你，所以你的物品他看了都很喜欢，忍不住要模仿你。在学习上，你的同桌也是个聪明的学生，他懂得观察、懂得模仿，所以在学习方法上他也是吸取了你的优点，默默地赶超你。

有人欣赏你、崇拜你、追随你、模仿你，这说明你有魅力、有吸引力，你讨人喜欢、引人注目，你应该为此感到自豪和骄傲。

遗憾的是，你现在被他搞得疲惫不堪，感觉很挫败。我告诉你，你一定要摆正自己的心态。境由心生，人是会受到外界事物影响的。所以，要摆脱烦恼，就必须淡化自己的内心，不去计较生活中的种种小事。凡事太较真儿就会上火，就会心烦意乱。人一旦心乱，所有的一切都会随之乱套。你无法左右别人的行为，但你可以改变自己的心态。保持一种平和安静的心态，走自己的路，坚持自己的风格。你要这样想：他模仿我，是我的光荣；他崇拜我，是我的福分；他追上我了，他超过我了，没关系，我调整好心态，发奋努力，下一次一定能追上他、超过他。你要学会与同桌相互欣赏，相互学习，共同进步。

请记住，对手亦是朋友。竞争让社会发展，人情则让社会温暖，竞争与人情并行，社会才能和谐健康地发展。

同桌不是冤家。同桌可能是竞争对手，但也可能是知心朋友，是异姓兄弟，是合作伙伴。五百年修得同船渡，一千年修来同桌读。你要相信，同桌，是一份缘，也是一份情。生活有了友情会更加甜蜜。愿你珍惜和同桌间的友情，用真诚和宽容去消除一切误会和猜忌。扬起头，面对阳光，祝福别人也祝福自己。跌倒了，再爬起来。胜不骄，败不馁。不断超越自我，做一个成功者。

你的大朋友：沈石溪

我该怎么面对自己

尊敬的沈石溪老师：

您好！

我是一名小学五年级的学生。提笔给您写这封信时，我感觉手中的笔仿佛有千斤重。我不知道该怎样表达内心的沮丧和失落。

上学期期末考试前，爸爸妈妈答应我，如果我的数学成绩考到95分以上，就奖励我一台笔记本电脑。我兴奋极了，下定决心一定要考好。可是，考试时，我发现试卷上有好几道数学题都不会做。情急之下，我偷瞄了一眼同桌的试卷。不巧，我的作弊行为被另外一个同学逮个正着，他立马向老师告发了我。结果，老师当场没收了我的试卷。更惨的是，我的数学期末考试成绩被判为0分。我成了学校的反面教材，不仅被记过处分，还在全校家长会上被点名批评。

走在校园里，我感觉同学们都在背后对我指指点点。更让我愧疚的是，我的作弊行为还让爸爸妈妈丢了脸。我懊悔极了，一直抬不起头来，恨不得找个地缝钻进去，甚至都没有再去上学的勇气了。

沈老师，您能告诉我该怎么办吗?

您忠实的读者：柳璐晨

Re：我该怎么面对自己

恰如其分地看待自己的错误

柳璐晨同学：

你好！

首先，我要说，作弊并不是学生的“专利”，并非仅仅指学生偷看别人试卷的行为。《现代汉语词典》（第6版）的解释是：“用欺骗的方式做违法乱纪或不合规定的事情。”以此来衡量，偷税漏税、虚假广告、伪劣商品、盗版图书、公费旅游、公款吃喝、虚报产量、失实报道、收取回扣、行贿受贿、老师漏题乃至学校乱收费，皆属作弊行为。

学生考试作弊，无非是因为压力太大，想满足一下小小的虚荣心，想让父母脸上绽出些许笑容，想对老师有个交代。较之成人世界里的种种作弊行为，学生的作弊行为是最值得原谅的。

你因为作弊被告发，而感到懊悔愧疚，甚至没有去上学的勇气了。其实，这大可不必。

你感到懊悔愧疚，恰恰说明你单纯善良、自尊自爱、严于律己、有廉耻心；说明你珍爱灵魂的清白，把名誉和尊严看得很重，不惜一切代价洗净心灵的污点。这确实是难能可贵的。

我这样说，绝非赞成或鼓励学生考试作弊。不管怎么说，考试时偷看别人的试卷，毕竟是一种不正当的行为。错误已经犯了，懊悔也没有用。关键是要用正确的心态对待自己的错误。一方面，你要勇于承认这是一个必须改正的错误；另一方面，你也没必要把错误的性质无限夸大，给自己套上沉重的精神枷锁。作弊确实不光彩，但也绝不是什么见不得人的丑事。想在考试时作弊，其实是一种很普遍的心态。考场上纪律严明，还委派许多老师监考，恰恰从反面证明了这一点。读中学时，有两次语文考试，我都趁老师不注意的时候，伸长脖子偷看别人的试卷。为了给你写这封回信，我还做了一个小小的调查，询问了包括我妻子在内的十多个成年人，他们中有教授、演员、作家、干部，都是有一定社会地位和事业成就的人。我让他们说实话，小时候读书时是不是偶尔也会作弊？他们没有一个人不是笑着回答说："小孩儿谁没有作过弊嘛！"

我可以很负责任地跟你说，考试作弊是学生最容易犯的错误，就像伤风感冒一样，不足为奇，不足为怪。

况且，即使犯了比作弊更严重的错误，也没必要自暴自弃，更没必要走极端。人心是高尚与邪恶的矛盾体，再伟大的人，也会偶尔闪现邪念，也会犯这样或那样的错误，更何况你还是个孩子，有什么错误不能得到原谅呢？

作弊被告发，免不了会招来一些议论。对于中肯的批评，你应当虚心接受；对于真诚的安慰，你理当表示感谢；对于过分的指责和刻薄的讥诮，你完全不用理会。

不就是考试作弊吗？没有什么了不起的，天不会塌下来，地不会陷进去，太阳照样从东方升起。人非圣贤，孰能无过。犯了错误，改了就是！面对现实，放下包袱，振作起来，变压力为动力，发奋努力，勇于拼搏，争取让自己的学习成绩上一个新台阶，这才是你目前应当具备的一种精神状态。

你的大朋友：沈石溪

苦涩的生病休学

尊敬的沈老师:

您好!

我是一名四年级的小学生，很喜欢读您的动物小说。

四个月前的一天清晨，我起床小便，发现小便里有血丝，而且腰酸得厉害，一点儿力气也没有，站立或走路都很困难。妈妈赶紧带我去医院检查。经医生诊断，我得了急性肾炎，必须住院观察，抓紧治疗，否则可能会留下后遗症。就这样，我被妈妈带着做了“肾穿”检查和一系列身体指标检查。更悲催的是，医生限制我吃盐，不让我吃零食。在医院待了二十天之后，我终于出院了，不过，还需要回家继续治疗。

回家后，老师和同学们都来看我，还给我带了礼物。看到这么多人关心我，我非常感动，暗下决心，一定要尽快好起来。可是到现在，我已经休学四个月了，虽然病情有了很大好转，但还是不能去学校上课，学校的课程也落下了很多。白天，爸爸妈妈去上班了，只有我一个人待在家里，又寂寞又冷清。更无聊的是，我只能斜躺在床上，什么事情都做不了。好不容易到了周末，爸爸妈妈还要带我去医院打针，很折腾人。真不知道这样的日子还要多久。

沈老师，我一个人闷在家里很寂寞、情绪很低落，而且因为落下了太多课程，恐怕回去以后也跟不上老师讲课的进度。我越想越没有自信。沈老师，您能告诉我怎样才能从这种情绪中走出来吗?

您的粉丝：李敏

Re：苦涩的生病休学

战胜病魔，你就是强者

李敏同学：

你好！

人都是情绪化动物，尤其是在生病的时候，人的情感触觉是很敏锐的，非常容易胡思乱想：时而疑惑自己的病情是否加重，时而担心自己的学习成绩会不会一落千丈，时而怀念自己健康时自由奔跑的欢乐……

自然，生病是一件让人既无奈又痛苦的事。每个人都不希望自己生病，但人吃五谷杂粮，难免会生病。其实，不仅人会生病，所有的动物、植物也会生病。可以这么说，但凡生命体都可能会生病。所以，你不必怨天尤人。你看，大医院里天天人满为患，生病的人绝非只有你一个。这样想想，你的痛苦或许会减轻一些。

你也可以这么想：一个人一生当中免不了会生病，既然生病是在所难免的事情，那就坦然面对，没有什么了不起的。

面对疾病，要坚强，不要被病魔吓倒。

有位心理学家曾做了一个有趣但也有点儿残忍的实验：他把同一窝生下的两只健壮的羊羔安排在相同的条件下生活，唯一不同的是，他在其中一只羊羔的旁边拴了一只狼，而另一只羊羔则看不到狼，完全不知道它的存在。前者每天面对狼的威胁，本能地处于极其恐惧的状态，无心进食，逐渐瘦弱下去，不久就死了。而另一只羊羔由于没有意识到狼的威胁，一直生活得很好，长得很健壮。其实，那只狼被绳子拴着，连一根羊毛都碰不到。那只可怜的羊羔之所以死亡，完全是被自己内心的恐惧吓死的。

疾病就像那只凶恶的狼。很多病人并不是被病魔本身击垮的，而是被自己内心的恐惧击垮的。所以，要勇敢地面对疾病，不能让疾病吓倒，这样才能成功战胜病魔。

现代医学很发达，绝大多数疾病都是可以治愈的。你要坚信，只要配合医生，积极治疗，你的病一定能治好。况且，你现在青春年少，身体各个器官的机能都非常活跃，抗病能力和身体的恢复能力都极强，这么一点儿病痛，是不可能将你击倒的。你要相信，这场病不过是你人生道路上一个小小的插曲而已，你完全没有理由灰心丧气，更没有必要自暴自弃。

相信自己，乐观豁达，是战胜病魔的法宝。

从来信中得知，经过一段时间的治疗后，你的病情已经有了很大好转。这是让人欣慰的好消息，我真心为你感到高兴。

现在的问题是，你还不能去学校上课，还需要一段时间的治疗和调养。为此，你有点儿焦急，有点儿烦躁。特别是你白天一个人待在家里，寂寞冷清，觉得很孤独、很无聊。你的心情我完全可以理解。面对疾病，除了乐观，还需要有耐心。俗话说得好，“病来如山倒，病去如抽丝”。治病需要时间，是急不得的。你要把这场病视作命运对你的考验。谁都希望自己的人生路途坦荡如砥，希望自己的人生旅程一帆风顺。然而，这只不过是美好的愿望。事实上，人的一生都会遇到困难和挫折。既然我们无法逃避困难和挫折，就不如坦然面对，学会坚强，用积极乐观的心态去面对。现在，你要走出情绪的低谷，调整好心态，先不要去想落下的课程。现在，对你来说，身体健康是第一位的，学习是第二位的。你要以养病为主，学习的事情可以先放一放，就当给自己放个长假，放松一下心情。等身体恢复了，再去想学习的事情。

其实，生病除了会给人带来烦恼与痛苦，有时也会带来意想不到的收获。

关于这一点，我有切身的体会。小时候，我身体很弱，经常扁桃体发炎，平均每个月都要发烧两次，每次都要到医院去注射青霉素。读小学四年级时，父母和医生商量后决定切除我的扁桃体，一劳永逸地解决问题。手术后，我要在医院住两周，出院后还要在家休息一段时间。我很长时间都不能去上学。读小学时，我在班里属于那种表现平平、中不溜儿的学生，不仅学习成绩很一般，和同学的关系也很一般。老师既不讨厌我，也不宠爱我。当我躺在医院的病床上时，我的心情灰沉沉的。我想：我本来成绩就不出众，休学一个月，学习恐怕就跟不上了，说不定还要留级；在老师和同学们眼里，我本来就是一个可有可无的人，在班级里“失踪”

了一个月，跟同学的关系就更生疏了，说不定大家连我的名字也叫不出来了……我躺在床上，越想越郁闷，好几次都难过得流出了眼泪。结果，事情却大大出乎我的意料。在我动完手术的第二天，班主任韩老师就带着全班同学到医院来看我。当时，医院对亲属探视有名额限制，每个病床每次只能进来两个人。全班52名同学就分成26批，一批一批地排队进来看我，持续了整整两个小时。当我病愈重返校园时，老师们对我嘘寒问暖，还安排班里成绩最好的4位同学分别为我补习落下的功课。我一下成了众人瞩目的焦点，而且学习成绩突飞猛进。短短半个月的时间，我不仅将落下的功课全部补齐，还破天荒地成了班里的优等生。我的性格也发生了变化，不再像过去那么内向了，更愿意与同学们说笑谈天了。我暗自庆幸，这次生病竟然给我带来了好运。

塞翁失马，焉知非福。生病是痛苦的，动手术是痛苦的，却让我收获了意想不到的幸福与温暖。

战胜病魔，你就是强者，你会比别人收获更多的坚强与自信。

你的大朋友：沈石溪

胆子太小怎么办

尊敬的沈伯伯：

您好！

我很喜欢看您写的动物小说，很羡慕您笔下那些勇敢、大胆的动物朋友。今年，我已经上五年级了，可我的胆子很小。平时，看到电视里那些紧张、恐怖或打打杀杀的血腥镜头，我总是躲得远远的。虽然我知道那些都是假的，但我还是会不由自主地害怕。我的学习成绩不算差，可我的语言表达能力很差。课堂上，我根本不敢举手发言，因为我害怕在全班同学面前讲话，总是担心说错了会被别人笑话。每当听到老师点名叫我回答问题时，我的脸就涨得通红，声音小得只有我自己才能听清。

老师家长们都说，会说话的孩子才讨人喜欢，才能更好地表现自己，获得更多的机会。

沈伯伯，我也想提高自己的语言表达能力，可我太胆小了。您能教教我怎样才能让自己更有胆量吗?

您的粉丝：张婕

Re：胆子太小怎么办

撕掉腼腆的标签

张婕同学：

你好！

谢谢你的来信。信中，你说自己胆子很小，语言表达能力差，不能在课堂上积极地表现自己，十分苦恼。我可以很负责任地告诉你：我们每一个人，无论成年人还是孩子，无论大人物还是老百姓，无论外表看上去多么强壮，都有胆小的时候，都不同程度地存在胆怯心理。

动物也一样，动物中有初生牛犊不怕虎的，也有胆小谨慎的。比如鸡，细心的人会发现所有的鸡都是结伴而行的，那是因为鸡的胆子很小。还有马，它们虽然看上去身高体壮，但天生胆小谨慎。它们总是站着睡觉，遇到危险“立马”就跑，颇具危机意识。

人的性格有外向和内向之分：外向的人善于言

谈，喜欢把自己了解的或不太了解的话题说出来，与大家共同探讨，通过语言上的互动而相互沟通，彼此了解；内向的人一般喜欢独来独往，不愿与人接触，不愿引起别人的注意，善于独立思考。所以，胆子大或小是因人而异的。况且，你是个女孩子，胆子小一点儿再正常不过了，根本不必为此自责。

看得出来，你的性格比较内向。我猜想，在生活中，你一定会经常被大人们议论：“瞧这个孩子，太腼腆了，一说话就脸红！”腼腆仿佛成了贴在你身上的一张标签。

看到这里，你一定会问我：“那么，我怎样才能增大胆量，克服腼腆，做一个善于表达自己的人呢？”

说实话，腼腆不是病，所以，我开不出药方，只能讲讲自己的一点儿切身体会，希望会对你有所启发。

小时候，我也是一个胆小、害羞、内向的学生，平时话不多。课堂上，我极少主动举手回答老师的提问。有时候，老师点名让我回答问题，我被迫站起来，结果还没等开口，我的脸就变成了一块大红布，鼻尖冒汗，手心也冒汗，就像天要塌下来了似的，害怕得浑身发抖。那时，我经常听到的一句话就是："这个小伙子怎么跟个小姑娘似的，一讲话就脸红，这么害羞、这么胆小，长大后怎么在社会上立足哟！"

我像你一样，从小就被人贴了一张腼腆的标签。因为一个偶然的事件，我才撕掉了这张标签。

那是在小学六年级的时候，国庆节到了，学校组织诗歌朗诵会，每个班抽一位同学登台朗诵诗歌。按理说，这类大型文艺活动应该是由班上的文艺委员或文艺骨干包揽的，可班主任韩老师也不知是哪根神经搭错了，居然提出用抽签的方式决定参加诗歌朗诵会的人选。做梦也没想到的是，全班五十多名同学，偏偏是我抽到了"登台表演"这张唯一的签。当抓到这张签时，我吓得手脚冰凉，脸一会儿红得像涂了一层胭脂，一会儿白得像涂了一层石灰。我急得快哭了，结结巴巴地恳求韩老师将这张写有"登台表演"的签转让给班里的大队文艺委员王依韵，但韩老师断然拒绝，用她那白皙细长的手指点着我的额头说："老师相信你会表演得很出色，为我们六（1）班赢得荣誉！"听了韩老师的话，我只好作罢。抽完签的那天晚上，我一夜没合眼，脑子里反复出现这样的画面：在全校近2000名师生面前，我哆哆嗦嗦地登上灯光绚丽的舞台，站在麦克风前，紧张得大脑一片空白，把原先背熟的诗句忘得精光，一句也想不起来。台下响起一片哄笑和喝倒彩的掌声……但是，不管怎样，我必须登台朗诵。我选的朗诵诗是贺敬之的《回延安》。从那天起，我每天回家后对着镜子练习朗诵的表情和语调，把整首《回延安》背得滚瓜烂熟。诗歌朗诵会如期举行。轮到我上场了，我紧张得手心直冒汗。奇怪的是，当我走到麦克风前，下定了破釜沉舟的决心、抱着一种豁出去的心态开始朗诵时，突然觉得一点儿也不害怕了，而且由于准备充分，我朗诵得十分顺畅，一个字也没错，嗓音清亮，激情飞扬，赢得台下一片掌声，还获得了一等奖。这次诗歌朗诵会的成功，给了我极大的鼓舞，让我的精神世界产生了质的飞跃。从此以后，我不再一讲话就脸红了，不再是个性格腼腆的孩子了。

我讲这段诗歌朗诵会的故事是要告诉你：人的性格是可以塑造的，人的胆量是可以锻炼出来的。腼腆的孩子实际上并不笨，他们只是不愿意表达，不敢做，怕做不好。人之所以会胆怯，往往是因为对自己所要做的事情心里没底，没有做好充分的准备工作，从而担心自己才疏学浅，说错话、说傻话，被人嘲笑。自信心是战胜胆怯的重要法宝，而自信心来源于事前的认真准备。面对任何事情，只要做好充分的准备，感觉有把握做好这件事，人就会变得有底气、有自信。还有一点，克服胆怯的心理，重要的是迈出第一步。只要迈出了第一步，你会发现一个全新的自我，会从中找到感觉、找到自信。

张婕同学，俗话说，“艺高人胆大”。当你逐步积累起各个方面的知识、受过各个方面的磨炼以后，你会逐步练就一身处事不惊的胆量。相信，在不久的将来，你一定能够撕掉腼腆的标签，成为一个自信、活泼的学生。

你的大朋友：沈石溪

我想超越她

亲爱的沈老师：

您好！

我是一名初中一年级的学生。上小学时，我的学习成绩一直很优秀，连续四年担任班长。可升入初中之后，我遇到了对手。她的学习成绩和我不相上下，在小学也曾当过三年的班长。让我郁闷的是，班里最近举行了两次民主投票选举，一次是班长选举，另一次是三好学生选举，我都输给了她。我知道，当班干部除了学习成绩好，还要主动帮助同学、关心班集体。可是，这些我平时都努力去做了啊。我冥思苦想了很长时间，还是找不出自己究竟比她差在哪里。现在，我每天看到她，心里就觉得很别扭，不想和她说话，总是想尽量避开她。

沈老师，我非常崇拜您。您写的动物小说精彩、刺激、扣人心弦，我特别喜欢。请您告诉我，我该怎样超越她，在以后的选举中胜出呢？您帮我出出主意吧。

你的忠实粉丝：虞璐

Re：我想超越她

欣赏优秀的对手

虞璐同学：

你好！

看了你的来信，我感觉你是一个德、智、体全面发展的好学生，不但成绩优秀，而且热爱班集体、愿意为同学服务。我很理解你内心的苦闷。对一个成绩优秀、积极向上、争强好胜的同学来说，能在班长选举和三好学生选举中胜出，是一件很荣耀的事情。你两次都落选了，心里肯定很难过。但是，事已至此，自怨自艾于事无补。当务之急，你要端正心态，找出你和她之间的差距，迎头赶上。

首先，我要说，你要用一种欣赏的眼光看待你的竞争对手。

在漫长的人生旅途中，一个优秀的、不安于现状、追求进步的人，总会遇到强有力的竞争对手。可以这么说，人生征程，总是前有尖兵，后有追兵，需要时刻保持警惕，追求进步。其实，一个人是如此，一个企业，一个地区，一个国家，一个民族也是如此。比如美国苹果公司，以“让你感受不一样的世界，为你带来最新、最前沿、最可靠的产品”为宣传口号，让苹果手机风靡全世界。相比之下，几乎所有其他品牌的手机都相形见绌。但与此同时，韩国三星集团却奋起直追，在手机外形的尺寸方面大胆创新，研发推出了5英寸大屏幕的三星手机，加上前沿的软件系统，三星手机占领了极大的市场份额。正是由于苹果公司和三星集团之间的激烈竞争，激励双方不断推陈出新，消费者才能享用到更优质、更高端的手机产品。然而，大多数人总是将对手视为仇敌，视为对立面，视为自己前进中的障碍。其实，生活因竞争而精彩。有一个实力相当的对手，就会引发你去攀比、去创新、去超越。正因为竞争对手的存在，才使我们意识到“山外有山、天外有天”，才使我们由妄自尊大变得低调谦虚。真正的竞争对手就如一面镜子，照出我们自身的缺陷与不足，帮助我们不断地校正方向，向着更高的目标迈进。

稍微懂点儿物理学的人都知道，世界上没有永动机。但我要说，竞争就是一台永动机。竞争无处不在，竞争永不止息。正因为有了竞争，生命才得以进化，社会才得以进步。

人类社会如此，动物世界也是如此。在非洲稀树草原，长颈鹿是一种珍稀动物，但长颈鹿经常遭到狮子的捕杀。为了让长颈鹿更好地繁衍生存，某国政府曾经组织大批森林警察，将方圆几千米所有的狮群都驱赶出去，人为地制造了一片“无狮区”。他们以为，没有了头号天敌狮子的威胁，长颈鹿种群就一定能迅速繁衍壮大。但几年时间过去了，人们发现，在“无狮区”生活的长颈鹿，非但没有像预想中那样迅速繁衍壮大，数量还在逐年减少。更糟糕的是，患皮肤病和寄生虫病的长颈鹿越来越多，老弱病残者众多，这个种群的健康状况令人担忧。该国政府只好请动物专家来会诊，专家给出的“药方”很奇特——适量引进狮群。专家的建议是有道理的：对长颈鹿而言，狮群的存在可以让它们感受到生存的压力。为了逃避狮群的捕杀，长颈鹿必须高度警觉，不停奔跑，久而久之，长颈鹿就可以锻炼出强健的体魄。再者，狮群总是喜欢捕杀跑得慢的老弱病残者，优胜劣汰的生存法则决定了身体健康、反应灵敏的长颈鹿存活下来的几率更大，整个种群的身体素质会明显提高。该国政府采纳了动物专家的建议，引入了适量的狮群。数年后，这一带的长颈鹿不仅数量增加了，身体素质也大大提高。这个例子说明，竞争对手的存在会让我们变得更加强大。

虞璐同学，在生活中，我们需要对手。不然，我们的生活就太中规中矩，波澜不惊，犹如一潭死水，了无生气。所以，不要害怕竞争，要勇敢地面对生活的挑战。竞争能够使人快速成长，不断超越自己。与品学兼优的对手较量、切磋，取人之长，补己之短，不仅能够增长见识，磨炼意志，而且能够相互提升，共同进步。从这个意义上说，我们要学会欣赏优秀对手，感谢优秀对手。

当然，除了用欣赏的眼光、理性地看待你的竞争对手，还要找到你们之间的差距。找到差距，就有迎头赶上的希望。

世界上没有十全十美的人，你们两个人一定各有各的优点，也各有各的缺点。她能在两次选举中胜出，说明她在某些方面确实比你强。或许她的学习成绩排在你前面，或许她的情商略高于你，人际关系比你更融洽，或许她的语言表达能力更强……总之，你肯定在某些方面和她有那么丁点儿差距。勇敢地面对现实，找出差距，对症下药，迎头赶上，你就能追上她，战胜她，并最终超越她。

其次，我还想告诫你一点：面对对手的成功，你心里肯定酸溜溜的，甚至还会有点儿嫉妒。这没什么，嫉妒是人之常情，圣贤都免不了会嫉妒，更何况你一个普通的初中生呢？但是，嫉妒又分两种：一种是世俗版的嫉妒，你比我好，我要想方设法不让你好；另一种是精英版的嫉妒，你好，但我要比你更好。我相信，你一定会选择第二种嫉妒，在这种嫉妒心的驱使下，奋发向上，超越对手。

你的大朋友：沈石溪

偏科让我迷惘

尊敬的沈老师：

您好！

我是一名初中三年级的学生。我很苦恼，因为我偏科的现象特别严重。在班里，我的数学、物理成绩常常是全班第一，语文成绩一般，英语成绩却相当差，这直接拉低了我的总分。

临近中考，老师把更多的精力放在尖子生和后进生上——那些尖子生能够冲刺进入名校，老师自然会多关注他们一些；那些后进生，考上高中的希望比较渺茫，老师会花费心血帮助他们挑选职业学校。而像我这类“夹心层”学生，成绩中等，考上普通高中问题不大，但考进重点高中的希望却非常渺茫，所以很少得到老师的关注。

我很苦恼，很焦虑，对中考一点儿信心都没有，不知道怎样才能提高成绩，把偏科带来的影响降到最低，考进一所重点高中。沈老师，您能帮我想想办法吗?

您的粉丝：陈骅

Re：偏科让我迷惘

偏科好比挑食

陈骅同学：

你好！

我很理解你目前焦虑的心情。其实，学生偏科现象严重，不仅学生自己着急，家长和老师也为之发愁。这类学生由于存在“短腿科目”，各学科成绩不均衡，导致总成绩平平，难以拔尖儿。

要解决这个问题，首先要从根本上认识偏科的危害性。

在我看来，偏科好比挑食。何谓挑食？有的孩子只喜欢吃某几种食物，拒食其他品种的食物，这就是挑食。挑食的危害大家都知道，人的身体需要补充多种营养成分，假如只吃某几种食物，就会造成营养不均衡，时间长了，必然会造成营养不良。偏科也是同样的道理。有的学生只喜欢某几门功课，而对其他功课不感兴趣，这就是偏科。

但是，人们并没有充分认识偏科给学生带来的危害。许多人认为，偏科只是影响到学生的整体成绩，影响中考或高考的排名。这就大错特错了。偏科当然会影响学生的中考或高考成绩，但更严重的是，教育是一门科学，中小学设置的每一门课程都很重要，是一个现代人立足社会必须掌握的基础知识，任何一门学科知识的缺失，都会让你的知识面和文化素养形成一个破洞，造成精神营养失衡，使你在今后的人生道路上失去很多机会，悄然间改变你的命运，带来无法弥补的人生缺憾。

这绝非危言耸听，而是众多教育学家的共识。

我们说，挑食是一种毛病，为了保证孩子营养均衡、身体健康，必须加以纠正。面对挑食的孩子，明智的父母都会这样告诫："喜欢吃的菜可以多吃一点儿，不喜欢吃的菜，硬着头皮也要吃；肉很好吃，你多吃几口没问题，但蔬菜也必须吃，这样才能保证营养均衡，有利于身体健康。"

我们说，偏科也是一种毛病，为了孩子将来能更好地立足社会，老师和家长也必须加以纠正。面对偏科的学生，明智的老师和家长都应这样告诫："喜欢的学科可以多学一点儿，不喜欢的学科，硬着头皮也要学；喜欢文科，想多看几本世界名著，那没问题，但数学也必须学好，千万不能落下。文科、理科，就好比人的两条腿，哪条腿瘸了，都走不快，也走不远。”

孩子为何会挑食呢？无非两个原因：第一个原因，某几种食物适合他的胃口，吃起来很美味，对他来说是一种享受，多次重复这种进食的快感，就越吃越想吃；第二个原因，除了他爱吃的几种食物，其他食物不合他的胃口，吃起来体验不到进食的快感，而像在受罪，也就越来越不想吃，最后干脆碰都不碰了。

学生为何会偏科呢？也无非两个原因：第一个原因，某几门功课能引起他的兴趣，学起来不吃力，一学就会，让他有一种成就感，能满足自己小小的虚荣心，学着学着就入了迷，也就越学越想学；第二个原因，另外几门功课不能引起他的兴趣，学起来枯燥乏味、颇感吃力，一点儿都不好玩儿，甚至产生一种失败的沮丧感，久而久之就会对这几门课产生排斥感。

知道了偏科的危害和原因，解决起来就容易

些了。

关键就是要在“兴趣”两个字上做文章。

关于这一点，我有切身的体会。我的儿子沈悦，在初中阶段曾经也有过与你相似的经历。其他学科他成绩优异，在班里名列前茅，深得任课老师的喜爱，可偏偏英语这门课不开窍，学起来很吃力，怎么学也学不进去，英语成绩在班里排到倒数第几名。很快，他对英语学习失去了兴趣，成绩也越来越差。有一阵子，他甚至认为自己天生就不是学英语的料，脑子里就没有英语细胞，再怎么努力也是白搭，英语成绩也不可能有进步。他的自卑感日益严重，甚至开始自暴自弃、破罐破摔，想彻底放弃英语学习了。我焦急万分，主动与他的英语老师沟通，为他量身定制了一套英语补习方案。首先，减轻他的思想负担，从一个单词、一个句子上下功夫，循序渐进。为了让他最大限度地掌握教材中的英语单词，我做了很多英语卡片，贴在家里相应的物件上，并立下一条规矩——家人在家里说话，凡能用英语单词来代替的，一律说英语。这样做，就是尽我们所能为他创造一个学习英语的环境和氛围。我还让他自备一个词汇便签本，反复背诵，以扩大词汇量，把单词记得更牢。英语老师也很负责。每节英语课前，老师都将他叫到英语教研室，为他开小灶，进行一对一的课前预习，这大大提高了他的听课效率和学习英语的积极性。为了培养他学习英语的兴趣，我和英语老师一起为他精挑细选了一批短小精悍、难易适度的英语课外文章，要求他每天读一篇，文章中出现的疑难问题要及时向老师和同学请教。经过大半年的努力，他的英语成绩有了显著提高，由班上的倒数几名进入到前十名。

帮助儿子补习英语这件事给我的体会是：提高学习成绩，一定要有一套好的学习方法。“工欲善其事，必先利其器。”好的学习方法，好的补习方案，就是攻克偏科顽疾的一件利器。学生要想不再偏科，就要下定决心，努力攻克弱势学科。

陈骅同学，中学生的偏科现象比较普遍，但我们一定要引起重视，认真对待。如果将人生比喻为战场，成绩优秀的那几门功课，就好比打了胜仗，落下来的那几门功课，就好比打了败仗。《孙子兵法》上说：“善败者不乱。”我们不能因为失败了就丧失信心。人生可以失败，但不可以被击败，信念是人生的太阳，精神和气魄才是真正的胜利。失败不失志，不轻言放弃；失败不失智，要冷静面对；失败不失勇，哪里跌倒，就在哪里站起来。只有坚持不懈、越挫越勇，才能继续前进，收获成功。中小学阶段的学习是为以后的人生打基础，是我们将来立足社会必备的基础知识。对于自己的优势学科，要再接再厉继续努力，充分发挥自己的优势。对于自己的弱势学科，要努力拼搏、迎头赶上。俗话说，“欲速则不达”。要使自己不再偏科，就要制定长期规划，不断努力，最终将弱势学科转化为优势学科，做一名全面发展的好学生。

最后，我想说，根据我的经验，偏科的学生，只要调整好心态，向自己的弱势学科冲刺，成绩提升的空间较大，往往能成为考试中的一匹“黑马”。

相信你一定能解决偏科的问题，考上自己心仪的重点高中。

你的大朋友: 沈石溪

为什么外籍学生这么优秀

尊敬的沈老师：

您好！

我现在在上海一所国际学校读初中一年级。在我们学校，每个年级都设有外籍班。这些外籍班的同学大部分来自韩国、日本、美国，也有一部分来自伊朗、马来西亚、英国、德国、泰国，他们都非常友善。平时，我们和这些外籍学生并不在一起上课，但他们经常参加学校组织的各项活动。有一次，学校组织漫画比赛，我作为班里的代表参赛。让我吃惊的是，全校23名同学参加比赛，居然有13名是日本学生。他们的漫画功底深厚，作品创意新颖。结果，日本同学以绝对优势包揽了前三名。十月份，学校开运动会。在我们初中一年级组的中短跑比赛项目中，冠、亚、季军都被美国和伊朗学生收入囊中。

沈老师，我很好奇，在众多的比赛中，为什么这些外籍同学都能独占鳌头，略胜一筹？难道他们真的比我们聪明？我很想和他们交朋友，更多地了解他们的学习和生活。

您的忠实读者：王倩琳

Re：为什么外籍学生这么优秀

学会在地球村生活

王倩琳同学：

你好!

你所在的学校设立了外籍班，这是上海改革开放的一个可喜现象。今天的上海是中国综合实力最强的城市之一，正在与世界许多国家和地区进行经济、科技和文化等领域的交流。

来信中，你提到想和外籍同学交朋友，更多地了解他们。我觉得，这是一个很好的想法，也是一个锻炼自己的机会。语言在人际交往中非常关键，要与外籍同学交朋友，首先，要过语言关。其次，要了解一些外籍学生的特点和生活习惯。在这里，我把自己了解的一些情况告诉你，希望对你会有所帮助。

美国的学生思维活跃，精神没有羁绊和桎梏，善于多看、多问、多想、多干。美国的学生从不认为标准答案只有一个，他们有较强的独立思考能力、语言表达能力和辩论能力；他们还富于创造性，善于发现问题并解决问题，学以致用的实践能力很强。有些在我们看来只有等到大学毕业才能完成的论文，他们凭借较强的检索文献、查考资料的能力，在中学时期就已经完成了。他们的选题完全从兴趣出发，从反恐怖主义到维护世界和平，从环境保护到动物保护，多种多样。美国学生特别注重体能训练，身体素质好，所以，他们的竞技体育成绩优异，多个项目都在世界名列前茅。他们大多性格开朗、直率，对人热情，说话比较直接，想到什么说什么，很少顾忌。所以，和他们交朋友，你也不妨直率一点儿，说话不要有太多的顾虑，心里怎么想就怎么说，坦诚直率反而更容易拉近与他们的距离。

德国是一个特别讲究秩序的国家。每个人都有自己的“归属”，每一样东西也都各得其所。外国人在德国旅游，第一感觉就是那里的一切都井井有条，维持秩序的标志牌和禁令牌随处可见。德国人的时间观念特别强，“准时”是他们恪守的原则。在这个问题上，他们既严于律己，也严以待人。不论公事私事，都必须事先约定时间并准时赴约。如果因故需要推迟约会或取消约会，一定要事先打电话通知对方，否则，不仅失礼，也被认为是在侮辱对方。对待工作，德国人讲求效率，注重纪律，一丝不苟。在公开场合以及与人交往时，他们讲究举止端庄，对人敬重适度，事事循规蹈矩。德国人总体的特点是严谨、务实、勤奋、准时、严肃、认真、整洁、守法。所以，与他们交往时，你也要严谨务实，守时守约。

日本人很注重培养孩子坚韧不拔的品格。日本北方的冬天很冷，冰天雪地，孩子们却只穿着薄薄的羊毛衫和单裤短裙在户外跑步玩耍。这样，不仅身体得到了最大限度的锻炼，心智也变得坚毅和刚强。在日本，爸爸妈妈很少给小孩子买玩具，基本上都是亲自动手做。如果没有父母为小孩子制作玩具，他们就自己动手制作。没有人会笑话你玩具材料的好坏，但如果谁的玩具因为制作的质量原因而坏掉，就会被视为一种耻辱。总体来说，日本的教育杂糅着传统的武士道精神，注重培养学生自己动手解决困难、战胜挫折的独立精神。日本学生学习很刻苦，有一种不服输的劲头。他们有幽默感，为人处世很有礼貌，比较容易相处。和日本学生交朋友，要学习他们的执着和毅力。

其他国家和地区的学生，各有各的特色和优点，都值得我们欣赏和学习。

我们中国当代的学生，基础知识比较扎实，勤勉而谦虚，成绩优异；关心祖国的命运，有民族自豪感；能明辨是非，有很强的社会责任感；价值观积极向上，综合素质比较高。但是，和其他一些发达国家的学生相比，中国学生在好奇心、求知欲、自信心、动手能力、情感表达等方面还存在一些差距。中国学生与外籍学生在同一所学校读书，正好可以互相学习，取长补短，共同进步。

王倩琳同学，你应当为自己能在这样一所开放的国际化学校学习感到高兴。时代在发展，随着全球经济一体化进程的加快，各国人民之间的交流越来越频繁，世界变得越来越像一个地球村。从这个意义上说，我们不仅是中国学生，还是地球村的村民。你有幸在国际学校读书，与同龄的外国孩子零距离接触，目睹异国学生的丰采，感受超越国界的友谊，从小就能培养自己宽广的视野和开放的胸襟。这段奇特的校园经历，一定能成为一笔宝贵的精神财富，让你在人生道路上走得更自信、更潇洒。

你的大朋友: 沈石溪

阅读写作

我的故乡在哪里

亲爱的沈石溪老师：

您好！

我非常喜欢读您的动物小说。在一篇文章中，您曾经说过这样一句话：人是有根的，人的根就是他的故乡，扎根在故乡的山水间，生命才能枝繁叶茂。可我却是一个命运漂泊的少年，不知道自己的根究竟在哪里。我祖籍山东聊城，爷爷那一辈闯关东去了辽宁，父母大学毕业后又分配到江西工作。我出生在江西上饶，11岁时，因父母工作调动，跟随他们从江西来到了福建厦门。经常有同学问我故乡在哪里，可我却不知道该如何回答，因为我实在不知道自己的故乡究竟在哪里。每每这时，我就感觉自己像无根的浮萍，一种落寞的漂泊感涌上心头。

沈老师，我从网上得知，您祖籍浙江慈溪，出生在上海，后来又到云南生活了很多年。这样说来，我的经历倒是和您有些相似。我很想知道，在您的心目中，哪里才算是您的故乡？您创作的根扎在哪块土地上？您有没有故乡情结呢？

您忠实的读者：沈荃松

Re：我的故乡在哪里

西双版纳是我的文学故乡

沈荃松同学：

你好！

很高兴收到你的来信。你我同姓，说不定五百年前还是一家呢。

正如你所说，我祖籍浙江慈溪，出生在上海，16岁到云南西双版纳插队落户，34岁调到昆明工作，52岁回到上海。可以说是走南闯北，漂泊不定。

如果一定要问我的故乡在哪里，我只能说，上海是我出生的故乡，西双版纳是我文学的故乡。我在西双版纳度过了18个春秋，人到中年才离开。我在西双版纳娶妻成家，宝贝儿子也出生在那里。在西双版纳，我开始了文学创作，我的大部分动物小说都取材于西双版纳的热带雨林。可以这么说，西双版纳这块火热又多情的土地，养育了我、成全了我、造就了我，是我名副其实的第二故乡。

何谓“故乡”？就是灵魂的栖息地。不管你离开多远、离开多久，只要一闭上眼睛，那里熟悉的山山水水仿佛就在眼前；只要一想起那块土地，心里就会升腾起无端的柔情，一幕幕往事便在脑海里浮现。我对西双版纳，就怀有这样一份真挚的感情。

三十多年前的西双版纳，人口稀少，交通不便，没有工业污染，旅游项目也还没有开发。正因为如此，它才得以保存完美的自然生态。郁郁葱葱的热带雨林覆盖山峦河谷，清澈见底的泉水环绕村村寨寨。最让我惊奇的是，鸡无窝，猪无圈，牛无栏，马无厩，狗脖子上也没有链条。豢养的家畜活得逍遥自在，白天可以随心所欲到处去玩，肚子饿了回到主人家的院子可以大呼小叫地讨饭吃，肚皮填饱以后，又到山野田坝寻找属于自己的快活去了。到了夜晚，鸡飞到竹楼的屋顶上，像鸟一样在茅草屋脊上栖息；狗趴在门槛上，人们进门出门都要小心别踩着狗尾巴；牛和马挤在竹楼的底层，随时可以在房柱上摩擦蹭痒；最无赖的要数猪了，霸占竹楼的十二级楼梯，像睡高低床一样，一层一层横躺在狭窄的楼梯上，任你将楼板踩得咚咚响，它们照样呼噜呼噜睡得香……

记得我刚到西双版纳时，借宿在一位老乡家里。有一天临睡前，我多喝了几杯米酒，半夜醒来，膀胱胀得厉害。黑灯瞎火的，我实在不愿跑茅厕，便摸索着来到竹楼的阳台，居高临下地尿了一泡。谁知，刚“运作”到一半，只听哞的一声怒吼，阳台外伸出一个牛头。借着淡淡的星光，我看见牛脸上尿液滴答，牛眼睁得比铜铃还大，牛嘴因愤怒而扭曲变形——原来，我尿到楼下一头水牛的脸上了！想必人尿的味道不怎么样，又咸又酸又涩，实在倒了它的胃口，它这是在向我抗议呢。随地便溺总归不雅，我怕吵醒主人，只好紧急刹尿，想到楼下找个僻静处继续方便。结果，我刚跨下楼梯，一脚就踩在一头老母猪的脖子上，它一下跳了起来，我一个倒栽葱滚下楼去。幸亏每一层楼梯上都有肥猪铺垫，软绵绵的就像在地毯上翻跟斗，我并没伤着筋骨，但早已吓得魂飞魄散，剩下的半泡尿全尿在自己的裤子上了。更可气的是，这些该死的猪和牛，责怪我搅了它们的美梦，开始打击报复——猪头搡我的屁股、牛蹄绊我的腿，把我摔倒在地，然后将我围在中间，也不知是想用同样的办法回敬我，还是因为我身上刺鼻的尿臊味激起了它们的排泄冲动，那几头牛和猪竟然冲着我哗哗小解起来，就像拧开了好几只热水龙头。结果，我身上被淋得精湿，成了个名副其实的“尿人”。主人被吵醒了，赶忙下楼来，帮我解了围。

西双版纳的家畜，享受着高度自由，村寨又紧挨着原始森林，便经常发生一些野生动物与人类家畜角色客串、反串和互串的故事。

我的房东养了六只母鸡，没有养公鸡。有一天傍晚，母鸡们从树林回家，发现一只尾羽特别长的五彩花翎公鸡气宇轩昂地守护在它们身边。开始，我们还以为它是别家的公鸡。但那只公鸡送母鸡们进入房东的院子以后，一拍翅膀，竟飞到院外那棵高达几十米的大青树上去了。家鸡无论如何也飞不了这么高，只有森林里的野生原鸡才有这等飞翔的本领。原来，这真是一只野公鸡，因为贪恋房东家六只母鸡的美色，主动来做上门女婿了。半夜，我和房东悄悄爬上大青树。我用手电筒照花鸡眼，房东用渔网将这只花心大公鸡罩住，剪掉半截翅膀，强迫它在村寨安家落户。谁知，这只野公鸡勇猛好斗，寨子里所有的公鸡都怕它，它成了闻名遐迩的鸡王。而且，与它交配过的母鸡孵出来的小鸡，很少得鸡瘟病，存活率很高。但它们总归是野种，不像家鸡那般听话。所以，一出生就要剪掉它们的翅膀，不然，等它们两个月大的时候，就飞到树林里不回来了。

村长养了几头水牛，忽一日，一头公牛失踪了，村民们集体出动，到树林里去找，结果找了好几天也没能找到。村长以为是被山豹或老虎吃掉了，也没在意。半年后，公牛突然跑回家来了，后面还跟着一头羞答答的母牛和一头活泼可爱的小牛犊。那母牛和小牛犊牛蹄上覆盖着一层白毛，就像穿着白袜子——原来是西双版纳密林中特有的白袜子野牛。显然，村长家这头公牛半年前和这头野母牛“私奔”了，这次，它是带着小媳妇和乖儿子来拜见主人的。村长大喜，平白得了一头母牛和一头小牛犊，简直就像天上掉下个金元宝，不要白不要！村长唤我去帮忙，用麦麸当诱饵，将它们引到有篱笆墙的一座菜园子，“囚禁”起来。野母牛当然不喜欢过囚徒的生活，当天半夜，它一发威，轰隆一声，撞倒了篱笆墙，带着丈夫和儿子扬长而去。村长空欢喜一场，还赔了一大袋麦麸。

寨子里有个老汉，在森林里发现了一头迷路的乳象，他用藤索拴住象脖子，将其强行牵回家。他怕象群会上门来找麻烦，转手就将乳象卖给了县城的杂耍班子，得了一百块钱。岂料，当天晚上，三十多头野象将寨子团团包围，吼声震天，还用长鼻子卷起沙土弹射老汉的竹楼，大有不交出乳象就要扫平寨子的气势，一直折腾到天亮才离去。众人皆埋怨老汉，老汉也觉得理亏，更害怕遭到野象的报复。第二天一早，老汉便去了县城，要赎回乳象。杂耍班子里的人都是些江湖艺人，唯利是图，非要老汉拿两百块钱才肯归还乳象。老汉无奈，只好卖掉一匹枣红马，换回乳象，送去森林，一场风波才算平息。

在我插队落户的寨子，家畜和野生动物混淆最多的要数猪了。常有野公猪拐跑家母猪、家公猪娶来野母猪的事情发生。小猪崽里起码有一半是“混血儿”。久而久之，寨子里的家猪鼻吻细长，鬃毛披散，獠牙狰狞，模样与野猪越来越接近，脾气也暴躁得让人发怵。你用石头砸它们，它们会号叫着冲过来咬你的脚。简直就是猪八戒造反，不把人放在眼里。有一次，过傣族的关门节，村民在杀一头肥猪时，没绑牢猪嘴，猪发出的凄惨的号叫声响彻云霄。结果，全寨子一百多头猪通通涌到屠宰草棚前，吼叫奔跑，把杀猪用的水桶、案板和铁锅撞得稀里哗啦，就像一帮流氓在聚众闹事。村民指使忠诚的猎狗去镇压，引发了一场猪狗大战，有五条狗被咬断了腿或咬歪了脖子，猪群大获全胜，冲进木瓜树林，将五十多棵木瓜树全部咬倒，将挂在枝头的木瓜悉数吃掉，以发泄对人类的不满。

这一类故事多得就像天上的星星，数也数不清。

我写的许多动物小说，如《野猪王》《白象家族》《牧羊豹》等等，就是取材于当年我在西双版纳真实的生活经历。当然，为了使作品完整生动，我对一些情节进行了适当的艺术加工。但我可以很负责任地说，作品里的动物和人物，都能在生活中找到原型。

朋友问我，你写的这些动物，猪也好、鸡也

好、牛也好，好像很懂感情、挺有灵性的，跟人会产生许多感情纠葛，怎么跟我们在饲养场里看到的猪、鸡、牛完全不一样呢？你是不是在胡编乱造哄小孩儿呀？

我对朋友说，你就没见过真正的猪、真正的鸡和真正的牛！

饲养场的猪十几头挤在一间狭窄的猪圈里，从出生到开宰，从猪娃长到大肥猪，从不离开小小的猪圈一步，整天除了吃就是睡，这不叫猪，这叫产膘机器。养鸡场里的鸡几百只挤在一个空间有限的鸡笼里，人们用灯光给它们照明取暖，用复合饲料催它们天天生蛋，它们一生一世见不到蓝天白云，也见不到草地河流，这不叫鸡，这叫产蛋机器。奶牛场里的牛用电脑管理，什么时候喂水，什么时候喂料，什么时候往食料里拌维生素、催奶素、添加剂，什么时候、用什么方式挤奶，一次挤多少奶……这些都有精确的程序控制，这样养出来的牛不叫牛，叫产奶机器。

人类为了得到更多的蛋白质和脂肪，为了让自己活得更舒适、更快乐、更幸福，不仅驯化动物、奴役动物，还肆无忌惮地异化动物。

在饲养场，动物被抽去了生命的精髓，变成了标准的行尸走肉！

我之所以热衷于写具有野性和野趣的动物，就是想告诉那些除了饲养场便很少有机会接触动物的读者朋友，除了我们人类，地球上还有许多生命是有感情、有灵性的，它们有爱的天性，会喜怒哀乐，甚至有分辨善恶是非的能力。我们应当学会尊重动物，尊重另一类生命形式，别把除了我们人类之外的其他生命都视作草芥。

不错，作为杂食性的灵长类动物，人类免不了要杀生，免不了要吃猪肉、吃鸡蛋、喝牛奶；作为本质上好逸恶劳的动物，人类免不了要用马代步、用牛耕地、用狗看家护院。但我想，我们完全可以在吃它们和奴役它们的同时，表现得宽容、仁慈一些，在它们被宰杀之前，在它们大汗淋漓地为我们做完一天苦役之后，善待它们，关怀它们，让它们享受些许生活的情趣，还它们丁点儿生命的天赋权利。

这不是虚伪，这是文明的标签。

在动物面前，人类应当做一个经常发善心的好奴隶主，这要求怎么说也不过分吧。

杂七杂八写了这么多，我是想告诉你：我爱西双版纳，我爱我的故乡。

我相信，你虽然从小跟随父母在外漂泊，但心里一定也有这么一个圣洁、美丽的地方，作为你灵魂的栖息地，作为你可爱的故乡。

你的大朋友：沈石溪

课外阅读有啥用

尊敬的沈老师：

您好！

我是一名小学六年级的学生。课余时间，我喜欢看书，什么书都看，尤其喜欢看文学作品，您的很多动物小说我都读过。每年，我们学校都会举办读书节。从四年级开始，我每年都被评为学校的“阅读小明星”。但我的爸爸妈妈都不太支持我课外阅读。晚饭后，妈妈看见我捧着一本书读，就会说：“别看了，再这么痴迷地看下去，就要变成近视眼了。”看到我读小说，爸爸就会说：“看这些书有什么用啊！

要紧的是把课本读熟，把作业做好！天天看小说，能看出什么名堂来呀？”

沈老师，我很迷茫，也很苦恼，不知道该怎么向他们解释。作为一位作家，您能告诉我课外阅读究竟有什么用吗？您能谈谈阅读对您的意义吗？

您忠实的粉丝：文冰轮

Re：课外阅读有啥用

阅读点亮我的人生

文冰轮同学：

你好！

很高兴收到你的来信。了解了你的疑惑和苦恼，我想谈谈我从小到大的阅读经历，希望能对你有所启发。

我看过一些作家自传，他们不少人出身于书香门第，孩提时阅读过大量中外优秀童话，有个爱讲故事的外婆，从小就沉浸在一种浓厚的艺术氛围里。对此，我羡慕得直流口水。小时候，我几乎和书籍无缘。因为家境贫寒，父母没有兴趣也没有能力为我买书。除了学校发的教科书，家里连一本闲书也没有。外婆住在宁波的乡下，几年才见一次，见了也不会给我讲故事。

我从小体弱多病，出生才六天，就因肚脐化脓被送进了医院。从此，我便与医院结下了不解之缘。童年时代留给我最深刻的印象，便是奶奶迈着粽子似的小脚，走到床边摸摸我的额头，深深地叹一口气，说："怎么又发高烧了啊？"说完，年迈的奶奶就背着我去医院，做让我头皮发麻的青霉素试验。

因为多病，我从小身体瘦弱，长得就像芦柴棍，常常遭到同龄人的欺负。记得刚上小学一年级时，班主任见我乖巧听话，长相清秀，就委任我当班长。可仅仅当了一个月的班长，我便被撤职了。原因很简单：男同学都小瞧我，女同学也不听我的话，我根本没办法行使班长的职权。班主任同情地抚摸着我的脑袋说："你呀，人挺聪明，学习成绩也不错，就是太软弱了。唉，男孩子像你这样软弱，将来怎么在社会上立足哟！"

我羞愧难当，低头饮泣。从那以后很长一段时间，我陷入了自卑的泥潭无力自拔。我害怕独自上街，害怕见生人，害怕上体育课，害怕在课堂上被老师叫起来回答问题，害怕与顽皮的男生在一起玩，害怕女生讥诮的笑声和鄙夷的目光，害怕孤独的长夜会出现张牙舞爪的鬼魅……

为了解闷，我开始阅读。诗歌、散文、小说、童话，什么都读。我像一块干燥的海绵在拼命地汲取水分，贪婪地阅读在那个年代像我这样的穷孩子所能找到的所有的文学作品。书籍带我走进了一个七彩的世界：我为牧羊女惨遭巫婆陷害而哭泣，为勇敢的青蛙王子终于解开魔法咒语重获自由而欢笑……书籍成了我最知心的朋友，最有趣的玩伴，最慈祥的老师，最宽容的家长。书籍不仅给了我精神慰藉，还给了我性格补偿。我明显感觉自己比同龄人成熟得快，我知道许多别人不知道的事情，这让我变得自信、内心升腾起一种优越感，自卑心理消失得无影无踪。我发现，发达的四肢确实是一种力量，但丰富的知识储备和成熟的头脑能使人更好地立足社会。

十六岁初中毕业后，命运将我从大上海抛到云南西双版纳的傣家村寨插队落户。在西双版纳，我做了六年农民，又做了三年乡村教师。在那个名叫勐满社小的学校里，我一面教书，一面心血来潮地学习文学创作。小时候，我虽然读过一些文学作品，但真要动笔写小说，才发现自己的语文基础实在太差了，甚至连一封普通的家信都写不通顺，错字连篇，而且还不会查字典，一切都要从零开始。说起来，我学习写作的办法笨拙得可笑。我先是借来一本20多万字的《写作知识》，从头抄起，抄了数月之久，总算明白了文章还要分体裁。然后，我拼命阅读所能找到的报纸书刊。看到陌生的字眼或生动优美的句子，我就赶紧抄录下来，反复浏览背诵，细细品味琢磨，化为己有。两年下来，光摘录句子的笔记本就用掉了10多册。那时，我住在一间8平方米的小土坯房里，勐满还没有电，照明用的是马灯。我怕浪费时间，在床上拥衾夜读后，疲倦了，就将灯芯捻小，浅浅睡去，半夜醒来，随手捻亮灯光，又继续读或写。

人家是红袖添香夜读书，我只能是一边打蚊子一边读书。经过两年多的刻苦努力，我终于写出了第一篇作品《金竹瑟》，这是一篇两千多字的散文，发表在当时的《云南日报·副刊》上。

阅读是一盏明灯，照亮你人生的道路。对此，我深有感触。如果说我在动物小说创作上取得了一些成绩，那主要得益于我从小养成的良好的阅读习惯。大量阅读提升了我的文学素养和写作技巧。无论工作多忙，我都会见缝插针地阅读，给自己充电。我如饥似渴地阅读了大量生物学、动物学、文艺学、儿童心理学等方面的书籍，利用假期跟随动物学家深入原始森林考察体验生活，扩展自己的知识面。在广泛阅读的基础上，我慢慢发现，有一门新兴学科似乎特别合我的胃口，对我从事动物小说创作非常有帮助，那就是现代动物行为学。现代动物行为学是研究动物对环境和其他生物的互动等问题的学科。其中有三位作家对我影响最大，第一位是现代动物行为学之父、奥地利动物学家康拉德·劳伦兹；第二位是美国生物学翘楚爱德华·威尔逊，他是现代动物行为学的集大成者，开拓了“社会生物学”这一饱受争议的学科；第三位是英国著名动物学家、生物人类学家德斯蒙德·莫利斯，他用一只眼睛观察动物，用另一只眼睛审视人类，为现代动物行为学做出了杰出贡献。

20多年来，这三位作家的作品永远摆放在我书柜中最显著的位置，随手就能找到，随时都能阅读。

有几本书我反反复复读了好几遍。一本是爱德华·威尔逊写的《社会生物学：新的综合》，这是一本洋洋洒洒130万字的巨著，奠定了现代动物学辉煌的基石，充满真知灼见，尽展动物王国的美丽动人和诗情画意。我并不完全赞同威尔逊所创立的社会生物学，但这个学说的观点对我有一种振聋发聩的效应。另一本书是德斯蒙德·莫利斯写的《裸猿》三部曲，包括《裸猿》《人类动物园》和《亲密行为》。《裸猿》三部曲从数百万年的进化中形成的行为模式去研究人的动物性，探究人的生物学基础，发动了一场“人的科学”的革命。捧读德斯蒙德·莫利斯的《裸猿》三部曲，我有一种沙漠跋涉巧遇甘泉的惊喜感觉。我最爱读的另几本书，就是康拉德·劳伦兹的代表作《攻击与人性》《所罗门王的指环》《灰雁的四季》和《狗的家世》。劳伦兹对动物世界所做的精湛研究，为我观察动物生活、构思动物故事、提炼作品主题，开拓了一个崭新的角度。他描写动物生活的优美传神的文笔，也让我获益匪浅。

我对这几位作家的作品几近痴迷。每次出差，不管旅途有多远，不管行李有多重，我都要挑上一本带在身边。很多时候，我在外地做活动，从早忙到晚，可能整整一个星期也没时间读一读我带在身边的这本书，甚至翻都没翻过，似乎是白带了。其实不然，有这么一本书陪伴在我身边，就像有一位知心朋友在陪着我一起旅行，彼此有个照应，精神有所寄托，不再感觉孤独和寂寞。

可以坦言，在接触现代动物行为学这门学科之前，我所写的动物小说，大多是关于动物的传奇故事，或者是关于人与动物的恩怨纠葛，虽然也有可读性，却明显缺少一种深沉的哲理内涵。但是，接触了现代动物行为学这门学科、读了上述几位作家的经典作品之后，我的动物小说创作跨上了一个新的台阶，写出了《狼王梦》《疯羊血顶儿》《鸟奴》《金蟒蛇》等受到同行好评、同时也受青少年读者喜爱的作品。

我觉得，在知识的海洋里广泛涉猎，博采众长，当然是不错的。但到了一定的年龄和层次，背靠一种学说，钟爱几位作家，研读几本经典，更有实际意义。这种学科，这几位作家，这几本经典，就是你的精神支柱，就是你事业进步的阶梯，能让你借助这部阶梯，在事业的征途上行走得更稳、攀爬得更高。

知识是一座永远也不会倒塌的强大的精神靠山，它会让你绷直腰杆儿，挺起胸膛，抬起头颅，勇敢地面对生活。

热爱文学，热爱阅读，热爱书籍，你会受益良多。

你的大朋友：沈石溪

读了《狼王梦》，内心很纠结

尊敬的沈石溪老师：

您好！

我叫傅喆远，是辽宁省本溪市一名小学六年级的学生。您的短篇小说《最后一头战象》被选入了我们的语文教材。在课外的拓展阅读中，老师又推荐我们读了您创作的其他动物小说。

我特别喜欢您写的《狼王梦》这部小说，其中精彩的场景描写和曲折的故事情节深深吸引了我。可是，我有一个疑问：小说中的紫岚究竟是正面角色，还是反面角色呢？我感觉它既可敬，又可憎，既可爱，又可恨，既可怜，又可恶。回想我过去读过的许多文学作品，书中谁是好人、谁是坏人，一目了然。但是，《狼王梦》就不一样了。对紫岚这个角色，我真不知道是该尊敬它，还是该鄙视它。

沈老师，我想向您请教：通过母狼紫岚这个角色，您想告诉我们什么道理呢？《狼王梦》这部小说的主题思想是什么呢？您最喜欢自己创作的哪一部小说呢？

您忠实的读者：傅喆远

Re：读了《狼王梦》，内心很纠结

强者宣言

傅喆远同学：

你好！

很高兴收到你的来信，谢谢你喜欢《狼王梦》这本书。

我写了四十多本动物小说，若要问我哪本写得最好，我会借用球王贝利的一句名言——下一本。这样回答不仅具有幽默感，能体现回答者的自信与风度，还是一种巧妙的推销术，具有很高的商业价值。而若有人问我，迄今为止我最偏爱自己创作的哪一本动物小说？我一定说是《狼王梦》。

长篇动物小说《狼王梦》，其实是我对“强人”意识和生存竞争的反思。我出身于上海一个清贫的市民家庭，父母亲一无金钱二无权势，也缺少那种与命运抗争、化解苦难、争取幸福的意识。孩提时代，我什么也不懂，以为全世界的人都像我这样生活，全世界的人都像我这样想吃肥肉想得直流口水，过年时穿件新衣服能高兴得笑歪了嘴。上学后，老师说世界上还有三分之二的人民没有解放，我更觉得自己是在天堂里生活，是在蜜罐里过日子了。升入初中，我阅读了不少文学书籍，视野逐渐开阔，这才明白，老师传授给我们的理念和知识与现实并非完全相符。有一次，我到同班的一个女生家去送书。她的父亲是上海一家大工厂的领导，她带我参观了她的家。那是一套四居室的大房子，有厨房，有带抽水马桶的卫生间，她还有一间完完全全属于自己的小房间，里面有一个书架和不少漂亮的玩具。我当时就傻了眼。不怕不识货，就怕货比货。与我那个女同学相比，我的生活简直就是马尾穿豆腐——提不得。我和姐姐、奶奶挤在一间六平方米的小阁楼上；房间里没有卫生间，大小便用的是一个陈旧的木制马桶，马桶就放在房间的角落里，无遮无拦；做饭只能挤在一条狭窄的走廊里，旧式煤炉距离木板墙只有一米远，烟熏火燎不说，没发生火灾就算是幸运了。走廊很窄，如果有人在走廊里烧饭，你要穿过去都十分困难。五岁那年，有一天，我和小伙伴玩互相追逐的游戏，逃进了走廊，想从正在炒菜的老祖母身边穿过去。可惜，走廊实在太窄了，老祖母堵住了我的路。我一头撞在老祖母的怀里，老祖母恰巧端着一碗刚刚起锅的油菜烧豆芽，被我一撞，碗从手里脱落，一碗油菜烧豆芽倒进了我的脖子。我当场就被烫得昏了过去。从那以后，我的后脖颈就留下了两道疤痕。上小学时，因为这两道疤痕，同学们都叫我“花头颈”。假如我家有一间单独的厨房，假如那条该死的走廊再宽半米，我想我的脖子绝不至于像现在这样疙疙瘩瘩、有碍观瞻。和那个女生比起来，我非但没泡在蜜罐里，简直就是一根腌在苦水里的黄瓜。那时，我幡然醒悟：在这个世界上，人和人是不一样的；要想摆脱贫困，必须努力奋斗！

现在回想起来，我当时的想法其实就是一种原始生存竞争的冲动。

生存竞争让人们的思想裂变，原本宁静的生活掀起惊涛骇浪。但是，生存竞争也让一潭死水变成了活水的源泉。人们感受到了生存的压力，长期处于松弛状态的生命变得充满张力，暮气沉沉的社会焕发了青春的活力，人们的生活水平也由赤贫向小康迈进。

一方面，人们在竞争的过程中尔虞我诈、贪得无厌、互相倾轧，人性中恶的一面暴露无遗；另一方面，个体生命释放出了巨大的能量，每个人都有机会实现自己的人生价值。

好耶？坏耶？该歌颂？该诅咒？

对社会改革的是非判断是社会学家和历史学家的事。对我来说，在激烈的生存竞争中，我看到了震撼心灵的生命的力量。

于是，我把这种思想写进了《狼王梦》。

母狼紫岚为了自己的后代能出“狼”头地，坚韧不拔地训导自己的孩子成为强者。在弱肉强食的丛林里，在汰劣留良的法则下，母狼紫岚的努力一次次失败，但它没有退缩，没有气馁，勇往直前，直到把两只小公狼送上了生存竞争的祭坛，直到自己与恶雕同归于尽。这是一个邪恶的梦，也是一个辉煌的梦；这是一个悲惨的奋斗过程，也是一次悲壮的生命冲刺。

邪恶出辉煌，这虽然让人哭笑不得，却是活生生的现实。

令我得意的是，我想要表达的哲理意蕴恰好与狼的生物属性和生存环境相吻合。

在人类的字典里，狼是恶的代名词。亘古以来，人类就把狼当作对手，对其恨之入骨，竭尽全力追捕围剿。可是，千百万年来，狼却在强大的人类面前经受住了严峻的考验，生存了下来。可见，狼具有非凡的生命韧性和在恶劣环境中求生的能力。人类眼瞅着无法把狼消灭掉，就指责狼是一种狡诈残忍的动物，是恶的化身，是坏的代表，企图从道德的高度把狼置于死地。假如我是一匹狼，我会因为我的种族受到人类的重视感到骄傲，会因为被人类视为冤家对头而感到无比荣幸。

其实，说狼是恶棍坏蛋，这只是人的一种偏见。不错，狼吃羊，有时还会袭击人。但是，不仅仅狼吃羊，人也吃羊；与狼袭击人相比，人袭击狼的次数要多得多。可以这么说，凡是狼吃的东西人都吃，而人吃的一些东西狼却不吃，例如香烟、烈酒。根据动物学家野外观察的结果，狼群的内部既有争斗，也讲团结，既有恃强凌弱的现象，也有配偶之间和母子之间的浓情蜜意。总之，狼既非高大完美，也非十恶不赦。

我这么说，并非想为狼正名，只是觉得，在狼的身上，最能体现生存竞争的激烈与残酷。刀光剑影，劣汰存良，是丛林的生存法则，也是整个种群保有强大生命活力的源泉。

当然，人类社会总是在逐步走向文明与进步，绝不会倒退到狼群的水准上去。但是，既然社会倡导竞争，既然人是从动物进化来的，那么，想要完全克服兽性是很难的。

《狼王梦》不是一本传统意义上的儿童小说，不是一块香甜的巧克力，而是一本在某种意义上背离传统的儿童小说，是一个酸甜苦辣咸五味俱全的多味果。在写这本书时，我曾经设下这样一条警戒线：不教育人，不用教师的心态去教诲我的少年读者。我只是想客观地描写一段狼群生活，把卑污和崇高、残忍和辉煌、龌龊和圣洁交融糅合，让其更接近生命的本源和生活的真实。

我觉得，青少年时代是人生的一道门槛。跨越这道门槛，就是从无菌隔离区走进了飘浮着各种各样有害细菌的正常空气中。许多人，包括我自己在内，在从少年时代步入青年时代，也就是初涉尘世时，立刻就有一种强烈的感觉——世界远不如老师在课堂上讲的那么单纯美好。我们一时无法适应扑面而来的种种人性的恶，内心很失落，有的人还会因此沉沦，需要很长一段时间才能调整好心态，逐渐学会用智慧明达的心态平静地面对竞争日益加剧的社会发展态势。

这是教育的一大失误。

这也是儿童小说的用武之地。

我衷心希望少年朋友通过阅读《狼王梦》，能感悟到生存的艰难、体验到竞争的无情，学会欣赏不屈不挠的强者风采和在激烈竞争中被激活的生命灵性与释放出来的生命能量。

你的大朋友：沈石溪

《最后一头战象》震撼了我的心灵

我最喜欢的作家沈石溪老师：

您好！

我是山西临汾一名小学六年级的学生，我给您写这封信是想请教您一个问题。

前不久，我们刚刚学习了语文课本里收录的您的一篇动物小说——《最后一头战象》。这篇小说里讲了人象情缘，讲了动物保护，还穿插了许多有趣的大象故事。我的语文成绩一般，作文也不是很好。但这一次，我被您的这篇动物小说深深吸引了。我最喜欢小说中的这个情节——一头走向生命终点的老战象，不愿意葬在祖坟，而要与几十年前共同浴血奋战的“战友”葬在一起。我被老战象的这种精神深深打动了。

语文老师说，这是一篇很有力量、很有思想的作品。沈老师，我特别想知道，通过这部小说，您所要传递的是一种什么样的力量呢?

您的读者：崔寒龙

Re：《最后一头战象》震撼了我的心灵

崇高是一种伟大的力量

崔寒龙同学：

你好！

谢谢你喜欢我的作品。你们的语文老师说得没错，我就是想通过这头老战象的故事告诉亲爱的读者，在这个世界上，什么才是真正的力量。

什么才是力量？相信不同的人有不同的答案。金钱当然是一种力量，俗话说，“有钱能使鬼推磨”，金钱可谓法力无边；权势也是一种力量，大权在握，可以呼风唤雨，指鹿为马；朋友也是一种力量，“在家靠父母，出门靠朋友”，遇到困难少不了朋友的帮忙；爱情更是一种力量，人的一生就是在寻找属于自己的另一半，两个生命融为一体，携手相伴，共创美好人生……

在诸多力量中，崇高是一种很特殊的力量。它有点儿虚，看不见、摸不着，不能当衣穿，也不能当饭吃，仅仅是一种观念、一种理想、一种价值观派生出来的情感。但它确实存在，并实实在在地影响着我们的生活。战争年代，无数革命志士为了共产主义这一崇高信念，面对敌人的屠刀，慷慨赴难，从容就义。匈牙利诗人裴多菲曾写过一首著名的诗："生命诚可贵，爱情价更高，若为自由故，两者皆可抛。"这足以证明崇高所具备的伟大力量。

《最后一头战象》所赞颂的就是这种爱国主义的崇高情感。垂暮之年，一头老象得到死亡的预感，动身前往神秘的象冢安葬自己。两个猎人悄悄尾随其后，想盗取象冢里珍贵的象牙。来到"百象冢"，上百根珍贵的象牙摆在他们面前，他们的发财梦眼看就要实现了，然而，他们最终却放弃了这笔唾手可得的巨大财富，两手空空地离开了象冢。是什么挫败了他们的发财梦？是什么抑制了他们的贪婪？是什么改变了他们的无耻？是那一群葬在"百象冢"里的，在抗日战争中奋勇杀敌、为国捐躯的战象！

对一个还没有完全丧尽天良的人来说，他可以不择手段、钻头觅缝地去追逐利益，但却很难昧着良心去藐视崇高、亵渎崇高。

这就是崇高的力量，虽不能给人带来世俗的利益，却能震撼心灵，荡涤灵魂，纠正错误，健全人格。

大象属于高智商的动物，这篇作品将崇高的情感凝聚在一头名叫嘎羧的老战象身上，应该说是真实可信的。美好的情感并非人类专有，在特定环境下，许多动物也会表现出可歌可泣的高尚情怀。例如与主人相依为命多年的猎狗，主人去世后常常会因悲伤而拒食，心甘情愿追随主人奔赴黄泉路；忠诚的战马，当主人中弹倒地后，会守护在主人身边，又踢又咬，不让敌人靠近，直到自己也中弹身亡……

再者，将崇高的情感凝聚在一头老战象身上，还能起到强烈的反衬作用：动物尚且有如此高尚的情感，作为万物之灵的人类，又该如何去做呢？

好的动物文学就是人类审视自己的一面镜子。这面镜子能照出人性的优点，也能照出人性的弱点，能照出灵魂的亮点，也能照出灵魂的污点。

今天，我们生活在一个经济高速发展的时代，商品经济带给我们财富的同时，也带来了唯利是图、尔虞我诈、信仰缺失、道德滑坡、精神贫乏等一系列问题。清洁社会环境，刻不容缓。精神文明建设，要从孩子抓起。小学六年级的学生，正处在价值观和人生观形成的阶段，要让他们明白什么是崇高、什么是卑鄙，什么是文明、什么是野蛮，什么是美丽、什么是丑陋；要让他们懂得，偏离了正确的价值观和人生观，人就堕落成了野兽，甚至会变得比野兽还不如。

美好的情感不容亵渎，崇高的情怀永留人间。

你的大朋友：沈石溪

《斑羚飞渡》想告诉我们什么

沈石溪老师：

您好！

我是贵阳市花溪区一名初一的学生。前不久，我们学习了您的动物小说《斑羚飞渡》。读完您的这部小说后，我心中有两个疑问，想向您请教。首先，这部小说写的是打猎的故事，可我们一直都提倡要保护动物。为了更好地维持生态平衡，打猎应该是被禁止的。这样看来，您这部小说的选材是不是有点儿不合时宜呢？其次，我还有一个疑问。您这部小说讲的是一群猎手将一群斑羚逼到悬崖上，企图将它们一网打尽的故事。在我看来，这是很血腥、很恐怖的行为。在我的印象中，选入语文课本的文章，大都是主题积极向上的美文。我们只是刚刚升入初中的学生，尚未成年，读这么暴力血腥的文章，是不是不太合适呢？我不太明白，对我们而言，这部小说有什么教育意义呢？

有疑问的读者：储英俊

Re：《斑羚飞渡》想告诉我们什么

敬畏生命

储英俊同学：

你好！

很高兴收到你的来信。确实像你所说的那样，在中小学语文课本的所有入选文章中，我的《斑羚飞渡》算是比较另类特别的一篇。

在我的印象中，语文教材一般都选择歌颂英雄或描绘大好河山的文章，《斑羚飞渡》肯定不属于这类作品。其实，《斑羚飞渡》最大的看点就是残忍的猎手将一大群斑羚逼到插翅难逃的悬崖上，企图集体屠杀一网打尽，在面临种族灭绝的危机时刻，老斑羚们用“飞渡”的办法，将年轻斑羚安全运送到对面的山梁，而自己却甘愿选择坠崖身亡。毫无疑问，这篇作品血腥而暴力，与遴选教材的传统标准不相符，而且随着环保意识不断深入人心，打猎普遍遭到禁止，可《斑羚飞渡》描写的恰恰是地地道道的打猎生活，似乎也有不合时宜之嫌。因此，当通知我说《斑羚飞渡》被选入全国初中语文教材时，我确实感到有点儿意外。

今天来看，打猎确实不合时宜了。许多野生动物濒临灭绝，为保护物种多样性，必须禁绝打猎；随着科技的进步，人类能生产出足够的满足需求的动物脂肪和蛋白质，打猎也失去了维系生活这一最基本的动因。所以，无论从哪个层面讲，打猎都应当退出人类的生活舞台。但狩猎文化却不会随同打猎活动一起从人类的生活舞台上消失。众所周知，人类是50万年前由古猿进化来的。考古发现，人类的畜牧业和农业最早可追溯到1万年前。也就是说，自打这颗蔚蓝色的星球上有了人类，游牧和农耕的历史只占历史长河的五十分之一，而人类绝大多数时间靠打猎和采集维生。我们可以想象，在未进入农耕社会的漫长的蛮荒时代，打猎是一项基本生存技能。一个男子若不会打猎便无法在社会上立足，只有成为一名优秀的猎手，才能赢得生存自由和发展空间，否则就会被汰劣留良的自然法则无情地淘汰。整整49万年，人类都浸淫在狩猎文化中。

区区1万年的农牧生活和更为短暂的工业社会所带来的现代都市生活，不可能将漫长的狩猎生活所积淀下来的生活习惯和思想情感完全消除。事实上，在现代人的社会生活中，仍能清晰地看到远古时代狩猎生活流传下来的痕迹。例如，我们将搜寻奇异的事情称为“猎奇”，将追逐女性称为“猎艳”，将夺取某样东西称为“猎取”，天上有个星座也叫“猎户座”等。从中，我们不难感受到漫长的狩猎文化带给我们的深远影响。英国著名生物学家德斯蒙德·莫利斯在《裸猿》这本书里甚至提出这样一个惊世骇俗的观点：现代人的都市生活，从本质上讲，无非是先民狩猎生活的翻版，不过是换了一种说法而已，如把“猎场”叫作“职场”，把“寻找猎物”叫作“求职”，把“打猎”叫作“工作”，把“猎物”叫作“薪水”等。仔细揣摩两者间的异同，很难说莫利斯讲得一点儿道理也没有。

可以这么说，每个男子的内心深处都有一种难以割舍的狩猎情结。

当然，今天写狩猎的故事，如果仍然沿袭过去的写法，描写猎人为保护集体财产机智勇敢地消灭害兽之类老掉牙的故事，那就一点儿意思也没有了。必须赋予古老的狩猎故事以崭新的时代精神，才能赢得青少年读者的青睐。

《斑羚飞渡》能给中学生有益启示的地方在于，它从一个特殊的视角，提出了尊重另类生灵这样一个具有鲜明时代特征的主题。

长期以来，人类犯有自高自大的毛病。人类以万物之主自居，把人类以外的所有会行走的生命统称为动物，并把动物理解为没有思想、没有感情、不会制造工具、缺乏创造力的低级生命。出于这样一种妄自尊大的心理，我们漠视人类以外的另类生灵，恣意掠夺它们赖以生存的土地，为谋取它们身上的皮毛、羽翎、牙齿、骨头和肉而大肆屠杀，为丰富业余生活而粗暴地剥夺它们的自由，将它们长期囚禁在动物园的铁笼子里。更有甚者，我国西南地区某些地方的人们捕捉到黑熊后，会在熊的肚皮上钻一个洞，将一根金属管插进熊胆，索取可以入药的胆汁，以牟取暴利；我国北方某山狐饲养场，为保证狐皮的质量，将整张狐皮活活地从山狐身上剥下来，被剥了皮的山狐在地上翻滚号叫半个小时后才死去。我觉得，用“丧心病狂”来形容这些人，一点儿也不过分。人类这种无视动物福利、无视生命尊严的残忍行为，直接造成大片森林被毁，许多野生动物濒临灭绝，环境持续恶化，人类的生存受到威胁。更为严峻的是，对另类生灵的蹂躏和践踏，释放了人心中的恶，继而漠视、藐视和蔑视同类的生命，制造种种惨绝人寰的悲剧。

野外科学考察表明，野生动物并非人类想象的那么低能蠢笨：非洲大猩猩能娴熟地用石块砸开坚果、取出里面的果仁；有一种白鹳，能向水里扔鱼儿爱吃的草叶，当鱼儿游到水面来啄食诱饵时，它就伸出长长的嘴壳将鱼儿捉住；生活在城郊的乌鸦，能准确无误地辨别交通红绿灯，当十字路口亮起红灯时，它就从电线杆上飞下来啄食从卡车上撒落下来的谷粒，一旦红灯翻成绿灯，它立刻就拍拍翅膀，从地面飞回电线杆，以避免被飞速行驶的车撞死。动物的感情世界也并不比人类逊色：生活在热带雨林的双角犀鸟，雌雄一旦结成配偶，便永相厮守，只有死亡才能将它们拆散；母狼在天敌逼近时，会乔装受伤，将危险引向相反的方向，以保护躲在巢穴里的幼狼……

《斑羚飞渡》就是一曲生命的赞歌。老斑羚用自己的死换取年轻斑羚的生。生命就像接力棒，由上一代传给了下一代。斑羚们在人类黑洞洞的枪口下，所表现出来的大义凛然和壮烈情怀，不能不令人肃然起敬。只要稍微有点儿人性的人，无不感到心灵的震撼。

动物身上的确有许多东西值得我们人类学习。

面对另类生灵，请放下我们血淋淋的屠刀。学会敬畏生命，学会尊重另类生灵，我们才能有健全的人格和高尚的人品。

我相信，总有一天，全世界会喊出这样一句口号：愿各种生命体和谐共处！愿各类生灵大团结！

至于说到作品的内容血腥暴力，我只能这么为自己辩解：没有血腥和暴力，哪有生命的灿烂和辉煌呢？

一个酷爱写动物小说的作家：沈石溪

为什么《再被狐狸骗一次》这么感人

敬爱的沈石溪老师：

您好！

我是一名初中二年级的学生，特别爱看您的动物小说。最近，我读了《再被狐狸骗一次》，感动得流下了眼泪。我也喜欢写作，曾有两篇散文刊登在《中学生作文》上。但看过我的文章的同学都说，我写的文章太平淡了，一点儿也不感人。为此，我很苦恼。我不知道怎样将文章写得生动感人，不知道怎样铺陈故事情节。

沈老师，我想向您请教，《再被狐狸骗一次》这篇文章的艺术特色是什么？怎样才能将文章写得生动感人呢?

您忠实的读者：刘君烨

Re：为什么《再被狐狸骗一次》这么感人

在反差中寻求艺术亮点

刘君烨同学：

你好！

在我二十多年的写作生涯中，《再被狐狸骗一次》是我自己较为得意的短篇小说。几年前，这篇小说在中国台湾的《民生报》首次刊出后，编辑部收到许多读者来信和来电，都说是流着眼泪读完这篇作品的。

这篇作品之所以能打动人心，我觉得主要是因为巧妙地运用了反差的艺术手法。

在这篇小说中，公狐狸是个主要角色，开头写它的狡诈，如何用装死的办法骗走了“我”手里的鸡。但随着情节的展开，读者很快发现，这只狡猾的公狐狸却是一个对家庭充满责任心、为了狐妻和幼狐的安全不惜牺牲自己的好丈夫、好父亲。狡诈与忠贞，这两种反差很大的品性体现在同一个角色身上，会使人惊讶和感叹，引发读者的阅读兴趣。另一个主要角色是“我”，一个从城市刚刚下放到农村的知识青年。在“我”这个人物身上，也设置了行为与心理的巨大反差。开始时，“我”对狡诈的公狐狸恨之入骨，发誓要以牙还牙，用柴刀劈死狐狸夫妻，以血洗所受的奇耻大辱。但随着情节的铺展，“我”却抛弃了复仇的念头，明知狡诈的公狐狸又在行骗，却心甘情愿再被它骗一次。由杀戮到呵护，由仇恨到怜悯，这种行为上的反差、心理上的转折、精神上的升华，自然会引发读者的阅读兴趣。

所谓“反差”，就是前后有矛盾、前后不一致，就是在塑造人物时运用两种以上不同的色调。

假如在一张白纸上，再画上白的或近乎白的颜色，画得再好也是白搭，看不出有什么效果。但如果在一张白纸上画上黑的或近乎黑的颜色，便会产生强烈的视觉效果。

反差就是对比、摩擦、碰撞，是一种容易烘托出艺术亮点的创作手法。

试想一下，如果我当初写这篇小说的时候，没有考虑到人物的反差，将作品的前半部分砍去，不写公狐狸的狡诈和“我”的愤懑并由此而生的复仇心理，直接从“我”发现狐狸窝开始写起，虽然也可以表现出公狐狸为了妻子和孩子舍生忘死的精神，但艺术冲击力肯定是要大打折扣，绝对写不出催人泪下的效果。

在小说创作中，反差是塑造人物形象的有效手段。在反差中，人物会变得鲜活，形象会变得丰满。譬如写一个好人，虽然廉洁奉公，却因循守旧；写一个坏人，虽然贪得无厌，却才华横溢。这样才能使人物有血有肉，形象生动。而且，这样塑造出的人物也符合常理。因为在现实生活中，绝对意义上的好人很少，绝对意义上的坏人也不多，大多是既有优点又有缺点的普通人。同样一个人，在某种情景下表现得高尚，在某种情景下表现得卑鄙；有时候大方，有时候自私；外表看上去很刚强，感情上却很脆弱：这才是活生生的人。

我经常收到中学生朋友的来信，他们常常会夹寄一些自己的作品，让我提意见。我感觉：年轻人激情澎湃，语言新潮，作品多取材于自己身边的人和事，生活气息浓郁。但缺点是，文势平沓，色调单一，缺少波澜。人物形象平面化，好人就是好人，从文章的开头一直好到文章的结尾，无非是后面的比前面的更好一点儿而已；坏人就是坏人，一直坏下去，坏到无可救药的地步。这样的文章，看了开头就知道结尾，就像站在平原的一条直路上，一眼就能看到头，会使人感到索然无味。有一句古话说，“文似看山不喜平”。这是很有道理的经验之谈。写作，从某种意义上说，就是造山运动，经过艺术构思，把一个本来平淡无奇的故事，写得波澜起伏。山峦与沟壑形成反差，高原与平地互相映衬，曲曲折折，弯弯绕绕，这样才能显出美来。

当然，运用反差手段，也要注意分寸。关键的一点是，反差要协调，矛盾要自然。反差不是断裂，要讲究内在的连贯性，要符合生活逻辑和艺术逻辑，让人觉得合理可信。切忌生搬硬套、牵强附会、故弄玄虚，否则就会闹出东施效颦的笑话来。

写作是一项漫长而艰苦的事业，贵在实践，贵在坚持。相信有志于文学创作的中学生朋友，在不断的摸索中一定能慢慢地积累经验，写出让自己、让读者满意的作品。

你的大朋友：沈石溪

您吃牛肉吗

尊敬的沈石溪老师：

您好！

我是一名小学六年级的学生，非常喜欢读您的动物小说。

前些天，我读了您的中篇动物小说《雪崩》。在小说中，您描写的那头牛那么有情有义。您能把牛写得那么传神，想来您一定非常喜欢牛了。记得您在一篇文章里说过，牛吃进去的是草，挤出来的是奶，牛任劳任怨，是人类的好朋友。沈老师，我想问您，既然您这么喜欢牛，这么热爱牛，这么颂扬牛，这么激情饱满地描写牛，那么，在日常生活中，您吃不吃牛肉呢？假如您吃牛肉，那您一面爱它，一面吃它；一面吃着它的肉，一面写着赞美它的文字，是不是有点儿滑稽呢？

沈老师，请您原谅我的直言不讳。

山东德州读者：任从容

Re：您吃牛肉吗

闲话牛与人

任从容同学：

你好！

很高兴收到你的来信。你的问题很直率，还有那么一点儿火药味。我喜欢你的坦率。年轻人就应该这样，心里有什么疑惑，就直截了当地提出来。

我先谈谈对牛的认识，再谈谈人与牛的关系，也许能解答你心中的疑问。

牛是人类最早驯化的家畜之一。关于人类究竟是怎样成功地把脾性暴烈的野牛驯化成俯首帖耳的家牛的，历来众说纷纭。

人类学家认为，太古时代的先人在狩猎时意外地捕获了牛犊，正巧那段时间食物丰盛，一时吃不掉，就把牛犊圈养起来。后来，他们发现圈养起来的牛犊长大后能交配繁殖，这比到森林里围猎野牛要省时省力得多。于是，他们就开始固定地圈养，并在这个过程中逐渐淘汰掉不听调教、宁死不屈、野气十足的家伙，留下温顺胆怯者。经过千万代的淘洗筛选和汰劣留良，牛就变成了即使放牧山野无人看管，也想不起潜逃山林、回归野性、重新做回自由自在的野牛的“糊涂蛋”。

这种解释当然很科学，可我却觉得不来劲儿，而且有疑点。假如太古时代的先人一开始就很功利地怀着役使与食用的目的对待牛，我想，牛不会那么傻，心甘情愿地让人摆布。兔子急了还会咬人呢，更何况长着一对尖利犄角的牛！俗话说，哪里有压迫哪里就有反抗嘛。

我对先人如何驯化野牛有自己独到的见解。我以为，太古时代的某天，某位先人外出狩猎，突然发现一只恶豹和一头野牛正在搏斗。野牛已经伤痕累累，快不行了。先人认出这只恶豹前几日咬杀了他的一个兄弟，为了复仇，先人举着木棒和石块介入了这场纠纷。先人很难单独对付豹子，危急关头，负伤的野牛赶过来用牛角捅死了恶豹，替先人解了围。鲜血凝结了牢不可破的战斗友谊。先人出于感激，替牛疗伤。牛觉得人这种异类动物心肠蛮好，和人生活在一起能不遭猛兽袭击，有安全感，于是就留在了先人身边。那时，先人还没开化，并不觉得自己是万物之灵长，天地之主宰，而把自己摆在一个和牛平等的位置上，把牛看作可以同甘苦共患难的朋友。为了报恩，牛闲来无事就帮先人驮运东西或牵拉木犁。牛老死或病死后，先人不仅不食，还像对待同类那样举行安葬仪式。牛对人愈加信赖，愈加感恩戴德，矢志不渝地跟着人类过日子。后来，人进化了，变聪明了，就翻脸不认牛，利用牛的滴水之恩涌泉相报的品性让它拉犁、驮架、服苦役，对老牛也觉得弃之可惜，安葬麻烦，不如干脆吃掉。我觉得这种解释角度新颖，合情合理，虽然正宗的科学家未免会对我的理论嗤之以鼻。

然而，现在牛与人的关系，我真是不忍往细里说。

农家爱牛。我在农村插队六年，对此有切身的体会。我的房东家境清贫，20世纪60年代末，他七拼八凑了一笔钱，总算买回一头牯子牛。全家拿它当宝贝疙瘩，天天牵它到河里冲澡，用梳子替它篦虱子，用葵扇替它驱牛蚊。它生了病，翻山越岭去为它请兽医，宁肯自己吃南瓜汤，也要用红糖熬糯米粥给它补养。这种不是亲人胜似亲人的情谊，令我感动。其实，不仅农家，可以说，人人都爱牛。人们对牛毫不吝啬溢美之词，称它是劳动人民的朋友，颂扬它脾性温顺、吃苦耐劳，说它吃进去的是草，挤出来的是奶。人们充满敬意地把勤勤恳恳工作的人比喻为老黄牛，把乐于奉献的人比喻为孺子牛，仿佛牛是高尚与道德的化身，是人类的楷模。

但这只是两个物种间关系的一个侧面，还存在着另一个血淋淋的侧面。

人类用极小的代价将牛犊养大，然后，用铁器蛮横地将牛鼻扎穿，用鼻绳——变相的锁链锁住牛，驱使它套上木轭，在没膝的泥沼中牵拉犁铧、艰难跋涉，役使它背着鞍架在崎岖的山道上汗流浃背地运送货物。假如牛想偷懒，鞭子就会毫不留情地在它背上抽出一道道血痕。

就说我那位房东吧，在我插队的最后一年，那头牯子牛已过了十岁，青春磨损，容颜衰老，多耕两趟地就累得口吐白沫，房东便有了嫌弃之心。全家商量后，决定把牛催肥了零卖。只有阉（阉割）过的公牛才会肥，于是，房东就把它的四蹄绑紧了，将它掀翻在地。牯子牛在地上声嘶力竭地哞叫，然而，包括房东在内的围观者脸上都挂着一抹笑意。三个月后，牛催肥了，准备开宰。那天，当牛被屠夫牵走时，房东一家子都流泪了，老牛也热泪盈眶。但等到新鲜的牛肉做成佳肴，房东一家却吃得兴高采烈、满嘴流油。

爱也深沉，吃也痛快。

即使那些对牛的品性佩服得五体投地，不知是出于自谦、自豪抑或自傲而自诩为牛的人，也没听说有谁不吃牛肉的。

每想到这一点，我就觉得有点儿滑稽。我觉得，牛与人的关系是很够档次的黑色幽默。面对将爱戴与杀食这两种水火不能相容的感情同时施于牛的人类，我作为其中的一分子，自然会感到羞赧与愧疚。但我也和其他人一样，羞赧归羞赧，愧疚归愧疚，牛肉还是照吃不误，尤其爱吃将五脏六腑剁碎后煮得又糯又香的牛杂碎。

不知道这是人类的虚伪，还是人类的成熟与

明智。

但孩子对待动物的态度就完全不同。我们家就曾发生过这么一件小事：我儿子九岁那年，一位朋友送他一只小兔。小兔全身的绒毛雪白，两只兔眼像两颗红玛瑙，挺惹人爱。儿子天天捡菜叶喂它，小兔很乖巧，听到儿子的脚步声便会从沙发底下或冰箱后面跳出来，直立起两条后肢去咬儿子手中的菜叶。儿子给小兔起名叫小乖乖。几个月后，小乖乖变成大兔。一次，有客从远方来，我便倒提兔腿，将兔脑袋闷进水里（据说这种杀兔的方法会使兔肉更鲜美），然后剥皮削骨，做了一大锅红烧兔肉，准备飨客。儿子放学回家后，看到一锅兔肉，伤心地哭了起来。我恳切地对他说："兔就是兔，它存在的价值就是为了丰富人类的餐桌。兔生来就是被人吃的，杀它合情合理，自然顺畅，犯不着为它流泪。"我觉得我说的道理放之四海而皆准，但儿子偏不听，搂抱着给兔子当窝用的纸盒，嘴里念叨着"小乖乖，小乖乖"，悲痛欲绝。我、妻和朋友都觉得儿子太幼稚，太不懂事，太孩子气，实在可笑。可同时，我们都感觉受到了某种无形的压力，灵魂好像在遭受某种形式的拷问。三个成年人脸上虽然都挂着微笑，笑意却生涩尴尬，围着餐桌，迟迟不动筷子。最后，妻将一锅红烧兔肉倒进纸盒，埋葬在花园，儿子才勉强止住眼泪。

我觉得，孩子的思维与感情有点儿像太古时的先人，还没有形成物种的优越感。他们平等地看待周围的动物，觉得自己和动物可以进行真诚的感情交流。他们无法把爱与吃这两种截然不同的感情合而为一。他们不会制造黑色幽默。他们的价值取向和成年人的价值取向有着质的差别。

于是，就有了《雪崩》这篇动物小说。

用成年人的价值观去判断，山娃子的所作所为显然幼稚可笑，死得也毫无必要。在成年人眼里，牛就是牛，怎么能跟人相提并论呢？在山娃子的阿妈看来，误杀了那头名叫白月亮的牛犊，并非什么了不起的罪过。面对发疯发狂的母牦牛艾蒂，最佳的办法就是斩草除根、一劳永逸地解决问题。这谈不上什么残酷，而是很实在的选择。为了人的利益而牺牲牛，顺理成章，天经地义。然而，山娃子却不这样想。他是少年，还没学会站在人的高度草菅“牛”命。因此，他不惜用自己的生命去忏悔、去赎罪。

与太古时的先人相比，现代人的精神日益丰满。他们用华丽的词藻赞美牛，却从不影响吃牛肉时的食欲；他们虔诚地热爱和平，然而几乎每一个民族都会把本民族里战争与杀戮的行家里手尊奉为伟人和偶像；他们高唱世界大同，却为划分边界从古代一直打到今天；他们推崇至圣至纯的感情，却在感情与实利发生冲突时一律地拥抱实利……经过一些理论的润色与修饰，这些黑色幽默都变得严肃正经，顺理成章地变成了现代人的精神财富。现代人的精神确实丰满了，丰满当然比枯瘦好，但太丰满了却会显得臃肿，就需要减肥。我觉得，优秀的儿童文学对成人读者来说，就是一种精神减肥，使他们那斑驳杂乱、混沌肿胀的精神世界变得清秀苗条、自然明净，使他们那成熟得越发冷寂的心灵在看似孩子气的、可笑的举动面前慢慢融化。

这是我写《雪崩》这篇小说的动机。

至于我是否吃牛肉，我也像所有成年人一样，既赞颂牛高贵的品质，同时也乐意品尝别具风味的酱牛肉。

你的大朋友：沈石溪

关爱动物，让地球更美好

我要用我手中的笔，呼唤人类对动物休眠的良知，呼唤人与自然和谐相处，呼唤我们这颗蔚蓝色的地球更加绿意葱茏。

——沈石溪

长期以来，人类有一种根深蒂固的偏见，总以万物之主自居，总认为自己是高等生灵，是天地间的主宰，动物都是低等生灵，是任人摆布的畜生。人类这种无视动物福利、无视生命尊严的行为，直接造成的恶果是环境持续恶化，生态系统遭到破坏，许多野生动物濒临灭绝，美丽的地球变得千疮百孔。更为严峻的是，对另类生灵的蹂躏和践踏，释放了人心中的恶，继而漠视、藐视和蔑视同类的生命，制造种种惨绝人寰的悲剧。

其实，动物并非人类想象的那么低能蠢笨，它们的感情世界也并不比人类逊色。动物和我们人类一样，也是有血有肉、有爱有憎、有家庭亲情、会制造工具、有喜怒哀乐的生命。

有时，只要用心去观察，不难发现，在情感世界，在生死抉择的关头，许多动物表现出来的忠贞和勇敢，常常令我们人类汗颜，让我们自愧弗如。

爱是生命进化的能量。我们应当敬畏生命，尊重另类生灵，与它们进行真诚的感情交流与心灵互渗，用博爱的心怀去关爱动物，关爱周围的一切生命，让地球因为有我们付出的一份爱而变得更加美好。

小读者们，想不想和大家分享你或你的朋友们关爱小动物的故事呢？那就快快投稿吧！我们会评选出“爱心小天使”，还有神秘奖品赠送哟！

请投稿到以下信箱：wxtg@childrenfun.com.cn。作品中要包含：①你的故事；②你的姓名；③你的联系地址、邮政编码、联系电话。还犹豫什么，快快动笔吧！

沈石溪作品获奖记录

- **《第七条猎狗》**（短篇小说）中国作家协会首届全国优秀儿童文学奖
- **《退役军犬黄狐》**（短篇小说） 第六届陈伯吹儿童文学奖
- **《狼王梦》**（长篇小说）中国台湾第四届杨唤儿童文学奖
- **《一只猎雕的遭遇》**（长篇小说）
  中国作家协会第二届全国优秀儿童文学奖
- **《狼王梦》**（长篇小说） 第二届全国少年儿童优秀图书一等奖
- **《天命》**（短篇小说）1992年海峡两岸少年小说、童话征文佳作奖
- **《象母怨》**（中篇小说） 首届冰心儿童文学新作奖大奖
- **《残狼灰满》**（中篇小说）首届“巨人”中长篇奖
- **《沈石溪动物小说自选集》**（中短篇小说集）第三届冰心儿童图书奖
- **《红奶羊》**（中篇小说集）中国作家协会第三届全国优秀儿童文学奖
- **《狼王梦》**（长篇小说）**《第七条猎狗》**（中短篇小说集）
  中国台湾1994年“好书大家读”优选少年儿童读物奖
- **《第七条猎狗》**（短篇小说集）中国台湾《中国时报》1994年度十佳童书奖
- **《保姆蟒》**（短篇小说集）1996年中国台湾金鼎奖优良儿童图书推荐奖

- **《狼妻》**（短篇小说集）
  中国台湾1997年“好书大家读”年度最佳少年儿童读物奖
- **《宝牙母象》**（中篇小说）第十一届中国图书奖
- **《牧羊豹》**（短篇小说集）
  中国台湾2000年“好书大家读”年度最佳少年儿童读物奖
- **《刀疤豺母》**（长篇小说）第十三届中国图书奖
- **《藏獒渡魂》**（短篇小说）第十九届陈伯吹儿童文学奖
- **《乌奴》**（长篇小说）中国作家协会第六届全国优秀儿童文学奖
- **《藏獒渡魂》**（中短篇小说集）2006年冰心儿童图书奖
- **《斑羚飞渡》**（短篇小说集）
  国家新闻出版总署2007年向青少年推荐百部优秀图书
- **《狼王梦全本》**（长篇小说）**《狼世界》**（中短篇小说集）
  国家新闻出版总署2008年向青少年推荐百部优秀图书
- **《红豺》**（长篇小说）
  国家新闻出版总署2011年向青少年推荐百种优秀图书
- **《红豺》**（长篇小说）第三届“三个一百”原创图书出版工程奖

沈石溪作品入选中小学教材篇目

《最后一头战象》

人民教育出版社全国小学语文教材六年级上册

香港生本教育语文教材第十册

《斑羚飞渡》

人民教育出版社全国初中语文教材七年级下册

江苏人民教育出版社小学语文教材四年级下册

辽宁人民出版社高中二年级课外语文

《猎狐》 湖北教育出版社初中语文教材七年级上册

《帮大象拔刺》《保姆蟒》《残疾豹》《太阳鸟和眼镜王蛇》《会做生意的狐狸》

山东教育出版社新课程小学语文读本六年级上册

《第七条猎狗》

山东教育出版社初中语文课外阅读七年级上册

辽宁教育出版社、语文出版社中小学生语文素养文库 初中卷

《脸色苍白的伙伴》 人民教育出版社初中语文自读课本第二册

《暮色》 浙江人民美术出版社未来教育教材中国儿童阅读文库